《老重庆影像志》

老钱票

小小钱票，关乎民生国计；锱铢半钱，牵动时代神经。

龟、贝、木、石、玉、金、银、铜、铁、纸……流动聚散，悠悠千载。近代以降，重庆曾一度扮演了全国金融中心的角色。老钱币、老票证，在重庆上演幕幕悲喜剧。

看，近代老重庆，几多政治风浪，几多经济狂潮；

看，巴渝老百姓，几多喜怒哀乐，几多荣辱兴衰……

曾繁模　李　玲　编著

重慶出版集團　重慶出版社

图书在版编目(CIP)数据

老钱票/曾繁模，李玲编著.—重庆：重庆出版社，2013.5
(老重庆影像志/王川平主编)
ISBN 978-7-229-06520-1

Ⅰ.老… Ⅱ.①曾…②李… Ⅲ.①纸币—货币史—重庆市—清后期—图集②纸币—货币史—重庆市—民国—图集
Ⅳ.F822.9-64

中国版本图书馆 CIP 数据核字（2013）第 103877 号

老钱票
LAO QIAN PIAO

丛 书 主 编　王川平
丛书副主编　刘豫川　邵康庆
编　　　著　曾繁模　李　玲
资 料 提 供　重庆中国三峡博物馆　士伏

出 版 人　罗小卫
策　　划　郭 宜　邓士伏
责任编辑　邓士伏　吴芝宇
封面设计　郭 宜　刘 洋
版式设计　邓士伏　吴芝宇
责任校对　娄亚杰
电脑制作　陈 磊

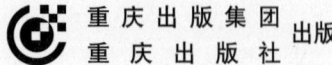 重庆出版集团 出版
重庆出版社

重庆长江二路205号　邮政编码：400016　http://www.cqph.com
重庆市开源印务有限公司印制
重庆出版集团图书发行有限公司发行
E-MAIL: fxchu@cqph.com　邮购电话：023-68809452
全国新华书店经销

开本：787mm × 1092mm　1/16　印张：9.5　字数：191 千
2013 年 5 月第 1 版　2013 年 5 月第 1 次印刷
印数：1—4 000
定价：25.00 元

如有印装质量问题，请向本集团图书发行有限公司调换 023-68809955 转 8005

版权所有·侵权必究

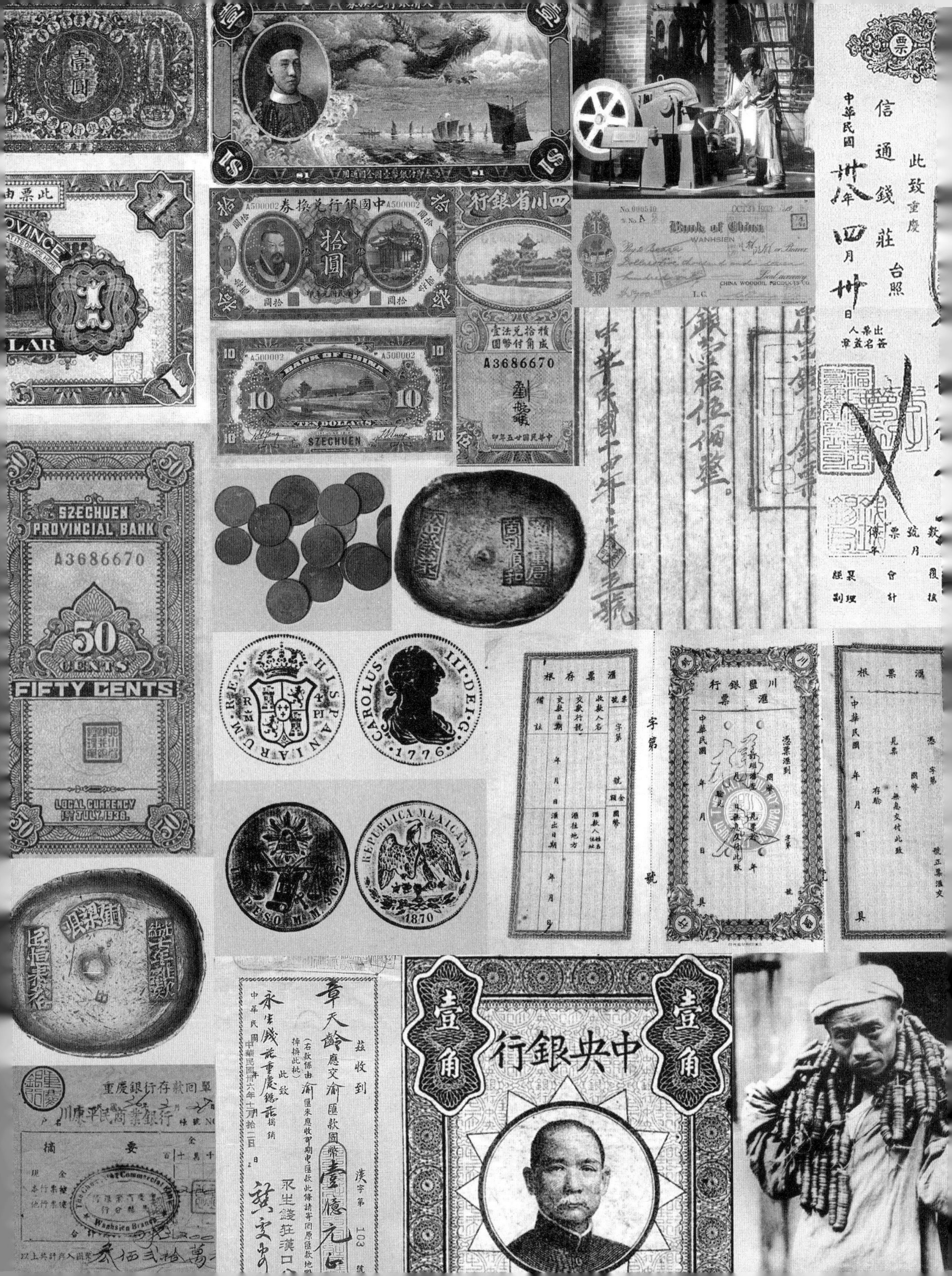

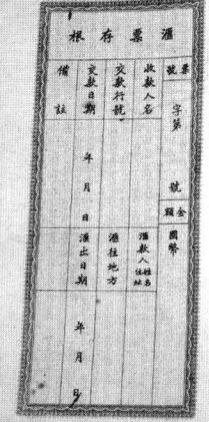
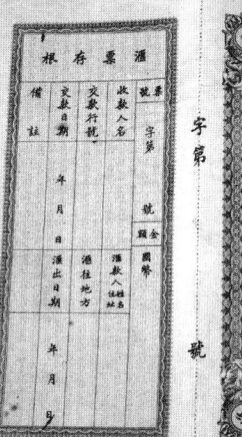

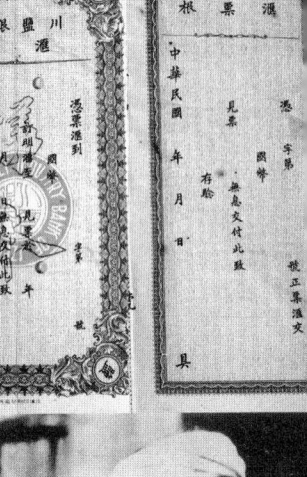

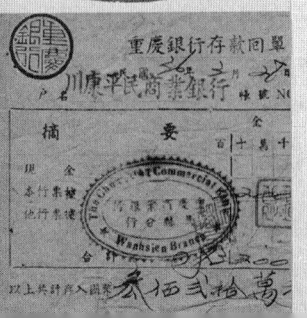
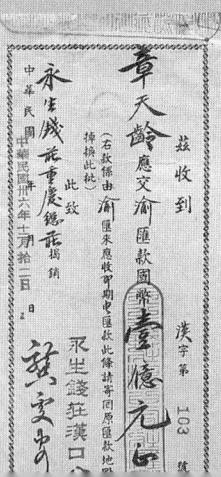

目 录

老钱票

总　序	1
前　言	4
票号、钱庄	10
票号	10
钱庄	12
晚清金属币	17
银两	17
制钱	20
银圆	22
外国银圆	24
铜圆	25
晚清纸币、股票	28
户部官票、大清宝钞	28
中国通商银行银两票、银圆票	30
大清银行银两券、银圆券	34

川汉铁路股票	37
民国前期的银圆、铜圆	
汉字银圆	39
袁头大洋	39
云南银圆	41
中山大圆	43
汉字铜圆	44
旗版铜圆	46
川字铜圆	51
马兰钱	51
民国前期的官办银行纸币	53
大汉四川军政府军用银票	55
中国银行兑换券	55
云南中国银行兑换券	56
四川银行兑换券、重庆官银号兑换券	61
	62

老钱票

中和银行无息存票	68
四川地方银行兑换券	69
重庆商业银行纸币	76
聚兴诚银行汇票	76
四川美丰银行兑换券	78
重庆川盐银行汇票	83
重庆市民银行（重庆银行）兑换券	87
统一货币时期的国家银行纸币	95
法币	95
战时债券、储蓄券与「献金」	107
关金券	112
金圆券	116
银圆券	129
第一套人民币	133

总序

《老重庆影像志》 王川平

方面，尤其是对老重庆的个性与嬗变、老重庆的灵性与魂魄、老重庆的根与源，力图以图文并茂的表述引起读者的注意，与读者作寻根之旅。本丛书的作者与编者，都是从事文物、图书、档案、出版、历史和文化研究等方面工作多年的优秀人选，既有丰富的实际经验，又有专门知识方面的学术积累，并尽可能在文字处理上通俗、生动、准确。丛书使用的两千多张历史照片，许多是第一次公开出版，足见其珍贵和罕见。

重庆是一座具有世界历史与文化价值的城市，对于这一点，笔者在主编该丛书及撰写《老房子》的过程中坚信不移。这不是直辖后的文化自大，而是遵循"实史求是"的原则准确对待重庆历史得出的结论，是依据古为今用的原则建设重庆新文化的需要。可惜的是我们总以为自己的文化家底不够厚，其实是我们现时的努力离目标还有较大的距离。令人高兴的是直辖之初，笔者提出把重庆建设成为与长江上游经济中心相适应的文化中心的文化建设远期目标，已经为越来越多的市民所接受，正在成为这座城市的规划和行动。从这个意义上说，《老重庆影像志》丛书的出版，确实是一件可喜可贺可敬之事。

看着这座古老的城市慢慢长大

尽管重庆直辖才十年，但它却很古老；尽管重庆正以惊世的速度在长高、长壮，但它曾经十分古朴而低矮；尽管重庆一天天在变得靓艳，但它灰蒙蒙而沉甸甸的底色仍存留在记忆之中。当楼房的样式和市民的生活越来越趋于类似的时候，这座城市的文化性格与城市品质就变得像空气和水一样重要和宝贵。

历史与现实就是这样复杂，这样磕磕碰碰。重庆的文化人一方面惊讶于这座城市成长的速度，一方面惊讶于在此速度拉动下消逝了的那些值得保留的东西。这种惊讶同样是复杂和美好的，因为他们不因惊讶而停住手脚，停止思考与行动。眼前这套《老重庆影像志》丛书就是他们这种努力的一部分。

《老重庆影像志》丛书共十本，分别是《老城门》、《老房子》、《老街巷》、《老码头》、《老地图》、《老广告》、《老档案》、《老行当》、《老风尚》和《老钱票》。它们从不同的视角，管窥这座城市的昨天，内容涉及市政变迁、政治演变、经济发展、市井生活、文脉流转传承等等

前言

老钱票

货币，是人类经济活动的产物，作为一种交换的媒介，它一头连接着社会生产的各个环节，犹如社会经济的中枢神经；一头连着消费，其购买力的潮起潮落，与广大民众的日常生活及利益休戚相关。同时，它也是一种文化现象，一枚硬币、一张纸钞，都能折射出时代社会的荣辱兴衰，诉说人间的几多悲欢离合，反映不同时期钱币制造的工艺技术及文化特色。

进入晚清时期，我国的货币呈现出一种新旧交替、中外混杂、官私并存，银、铜、纸并用，货币名目、规格纷繁复杂的局面。中国传统的银两、铜钱、纸币，在近代西方货币文化东渐的影响下，逐步让位于近代银币、铜币、银行纸币。位于长江上游、四川东部的区域性中心城市——重庆，在其社会大背景下的货币近代化历程及其发展中，又显现出自身的诸多地域特色与个性。这些曾承载着不同历史使命的老钱币，也从一个侧面，见证了重庆这座古城的一段辉煌与曲折。

清代中期以来，重庆逐步从明代以来的川东军事重镇向商业城市转化，贸易的迅速发展，为重庆的崛起和重庆金融业新格局的形成带来了机遇。长江干流航线，为全国性货运航线，重庆则为长江贸易主航线的西部起点。得天独厚的地理位置和内外相连的黄金水运网络，使重庆成为东西部经济物流传递交换的水运枢纽、转口贸易城市，以及区域性商品集散中心。乾隆《巴县志》描绘："渝州……三江总汇，水击冲衢，商贾云集，百物萃聚……或运自滇、黔、秦、楚、吴、越、闽、豫、两粤间，水牵运转，万里贸迁。"千百年来，以成都为中心的商贸经济重心开始东移，重庆首度成为四川乃至西南地区的商贸经济龙头，并开始与国际市场发生经济联系。在开埠前，重庆每年对国内的贸易总额已达2 430万海关两，占全川贸易总额近60%的份额。

中国西部市场的迅速发展及诱人的商业前景，重庆，这个让英国人"垂涎已久的口岸"，便成为了英人开放西南战略的首要目标。英国政府迫不及待地采取各种手段向清政府施压，促使中英《烟台条约续增专条》出台，重庆遂成为对外通商口岸。1891年3月，重庆海关成立，标志重庆正式开埠。重庆的近代历史也由此开始。重庆开埠后，商贸水平进一步提升，并刺激商业资本更大规模地集聚，直接为四川金融中心东移重庆创造了条件。随着长江上游商贸中心的形成，直接为商贸服务的旧式金融业，如票号、钱庄和近代意义上的新式银行相继在重庆兴起。

晚清时期的重庆，主要是使用传统的银两和铜钱，尤其是大宗商贸，所需银两的长途运输和保管非常不便且十分危险，一些商号开始经营大额异地汇兑业务，

通商银行重庆分行。重庆第一家地方官办银行,是1905年开办的濬川源银行,该行隶属于四川藩司,总行设在重庆,并在成都设分行。1909年大清银行(前户部银行)重庆分行开业,并相继在成都、自流井、五通桥设立分支机构。这些银行在重庆的开办,反映了重庆金融业近代化的重要进程,同时,也标志着重庆成为四川金融中心的地位初步确立。

清末,重庆的金融货币正处于新旧交替的过渡时期,传统的银两、铜钱仍是市场流通的主要货币,同时,我国自铸的新式银圆、外国银圆、机制铜圆、银行纸币也开始进入流通。1896年,四川总督鹿传霖饬令重庆地方政府,从湖北运回一万元银圆于重庆市场试用,次年又赴湖北运回银圆四万元投放重庆市场,重庆成为全川官方明令率先使用新式银圆的地区。此外,各种外国银圆早在明朝晚期已开始流入中国,约在开埠前后,各式铸造精致、印有各种艺术图案的外国银圆渐次流入重庆,西方货币文化对重庆的影响开始显现。

1901年,清政府准许各省开铸铜圆,四川当局先后在成都、重庆各设铜元局一所,重庆铜元局于1905年开始筹建,全套引进英国和德国的先进设备,具备日产铜圆40万枚并兼铸银圆的能力,是重庆第一个铸币机构。在纸币方面,较早的有户部官票和大清宝钞,但成为早期的票号。1831年,中国第一家票号,山西平遥人创办的日升昌票号在重庆诞生,其后,山西的平遥、祁县、太谷以及云南、浙江等地兴起一大批票号,并纷纷在重庆开设了分号,由此拉开四川金融中心东移的序幕。钱庄是以经营存贷款业务为主的旧式金融机构,由早期的换钱铺和倾销店发展而来。随着重庆转口贸易规模的不断扩大,特别是1892年,重庆推出统一标准的新票银在本地市场流通后,商家对资金数量、银两标准和存贷效率等服务提出了更高的要求,钱庄业在重庆应运而生。1894年,重庆历史上第一家钱庄——同生福钱庄正式开业。

银行是近代资本主义商品经济发展的产物,鸦片战争以后,外国银行盛行中国,所发纸币畅通无阻并获得高额利润,使中国有识之士认识到自办银行的重要性。如1896年,盛宣怀奏称:西人积聚举国之财,为扶持工商发展之根本,而"综其枢纽,皆在银行。中国亟宜仿办,毋任洋人银行,专我大利"。终于在1897年,经清政府批准,由当时任督办铁路总公司事务大臣盛宣怀创办的,中国第一家银行——中国通商银行在上海成立。1904年,中国第一家国家银行,大清户部银行宣告成立。其后,新式银行逐步在国内各地开办。重庆历史上的第一家银行,即是1899年来渝开设的中国

老钱票

130个，其中重庆或重庆银行的派出机构就占120个。尤其是以聚兴诚为首的川帮五大银行为主体，加上滇黔银行组成的华西集团，与以江浙财阀为主体的华东集团，直鲁地区的华北集团，广帮为主的华南集团，共同构成了覆盖中国东西南北的银行业集团。重庆不仅成为四川的金融中心，其在整个西南地区的金融地位也十分显著。

另一方面，在民国建立的第二年，袁世凯便窃取了民国临时大总统职位，国内政局很快出现分裂，进入北洋军阀统治时期的中国，实际上还存在着一个以孙中山与南方军人组成的与北洋北京政府相对峙的广州政府。四川各派军阀面对南北政府，则根据自身利益，采取见风使舵，左右逢源的态度，时而靠南时而投北。1915年，滇黔护国军入川讨袁，各军阀派系之间的矛盾更趋复杂，冲突更为激烈，川军与滇黔及北洋系军阀间战争不断。四川防区制建立后，各大小军阀划地为营各自为政，为争夺地盘及利益，20余年间，全川共发生大小战争达400多次。而重庆以其特殊的地理位置和川内经济、金融中心，便成为川、滇、黔各路军阀垂涎三尺，反复争夺的战略要地。在这种背景下，重庆的银钱业在发展中曾遭受多次打击和破坏，或因屡受挫折而歇业。凡进入重庆的军阀，还以金融货币为工具搜刮

此纸币在四川、重庆流通并不普遍，稍后，有中国通商银行发行的银两票和银圆票，大清银行发行的银两券和银圆券等。

1911年至1935年前的民国时期，重庆的金融货币，承接并完成晚清以来的货币近代化历程，并呈现出更为复杂多变的局面。一方面，到30年代中期，重庆的商贸业获得长足发展，无论在商品结构或是流通渠道以及商业组织形式、管理体制方面都有了较大变化和新的发展，商品交易量比19世纪末有了数倍的增长。一个以重庆为中心，连接我国中西部地区，辐射吸引四川和西南地区的市场体系已经形成。由此，与之服务相配套的金融业得到前所未有的大发展，国家、地方、商业、外国、军阀等各种性质的银行在重庆如雨后春笋般地相继开业，并发行各种纸币。国家银行如中国银行、交通银行、中国农民银行、中央银行先后来渝开设分行，地方银行如复业后的浚川源银行、四川地方银行、四川省银行等。其间重庆本地商业银行也获得较大发展，先后有聚兴诚、美丰、大中、中和、平民、川康殖业、川盐、市民、四川商业、重庆、四川建设等银行开办，其中的美丰银行为重庆第一家中外合资商业银行。

到30年代中期，全川历年开设银行33家，其中就有22家设于重庆，全川共有各种银行总、分、支行处

1937年"七·七"卢沟桥事变后,平津沦陷,8月,日军进攻上海,中国抗日战争全面爆发。11月,国民政府迁都重庆,重庆遂成为全国战时的政治、军事、经济、文化中心,并于1940年定为中华民国陪都。随着时局的变化,沦陷区人民大量涌入四川、重庆,东部大批工矿企业纷纷迁渝,国家各大银行以及各省地方银行、商业银行相继入渝,各地游资亦接踵流入。此时的重庆,人口密集,市场兴旺,呈现一片战时经济的繁荣景象。重庆由一个西部区域性商业城市一跃而成为抗战大后方的经济、金融中心,而国家银行则是金融中心的主体。

为应对时局,稳定金融,促进后方经济的发展,"四联总处"(由中国银行、中央银行、交通银行、农民银行四行联合办事处改组而成)由上海迁来重庆,稍后,中、中、交、农四行的总行或总管处也迁来重庆。除国家银行外,各省陆续迁渝的银行有号称北四行的金城、盐业、中南、大陆银行;有号称"南四行"中的上海商业储蓄、浙江兴业、新华兴托银行;号称"小四行"的中国通商、中国实业、中国国贸、四明银行,以及广东、湖北、河南等省行的分支行。重庆本地银行,如老字号的聚兴诚、美丰、重庆、和成、川盐川帮五大银行实力进一步增强,而新的银行还在陆续开办。1942

社会财富。或占领铜元局,滥铸质量低劣的铜圆、银圆,其减质、减重、大面额是其主要特点;或控制银行甚至设立银行大量发行既无准备金又难以兑现的纸币,导致币值低落,物价飞涨,给广大民众的生活带来灾难性影响。这一时期整个四川币制之紊乱,全国罕见。

1933年,"二刘"大战结束后,刘湘逐步统一川政,重庆政局也趋于稳定,银钱业遂得到恢复发展,货币混乱局面有所改观。但是,历年战乱造成的财政危机和欠债,以及为继续扩充军务、巩固地盘、围剿红军等巨额财政支出,使刘湘不得不继续加大发行钞票度日。四川地方银行仅一年时间,"地钞"发行量即逾3 200万元。由于发行过量,贬值迅速,以致酿成严重金融风潮,多次发生因挤兑而致市民被踩死、踩伤事件。重庆银钱业流动资金多陷入新旧债中,市场现金短缺,利率、汇率直线上升,刘湘只得亲赴南京向蒋介石求援。1935年1月,南京政府派参谋团入川主持军事,财政部特派员亦到重庆调查整顿四川金融。3月,中央银行重庆分行成立,受命善后"地钞"事宜。四川军阀防区制结束,重庆成为国民政府控制西南的军政及经济要地。11月,为应对国际"白银风潮"引起的经济危机,国民政府进行重大币制改革,统一货币,推出法币,四川金融货币长期紊乱局面亦告结束。

断增加法币发行量，来维持庞大的军政开支。那么，在抗战结束后，特别是在1947、1948年所出现的恶性通货膨胀，则是蒋介石政权置民族利益而不顾，一意孤行发动全面内战，为解决战争军费，而变本加厉实行令世人震惊的通货膨胀政策，终致法币崩溃。

1948年8月，国民政府再次币改，推出了金圆券。此前法币的崩溃，可以说是蒋介石政权深陷解放战争泥潭的必然结果，而金圆券的粉墨登场，却包含着更为不可告人的目的。面对政治上危机四伏，军事上节节败退，经济上濒临崩溃，蒋介石自己心知肚明，失败的命运已无可挽回，金圆券的推出，即是蓄意在撤离大陆前所作的最后一次搜括与掠夺。

重庆是西南经济重镇，是国民政府最后撤退的城市之一，受金圆券及稍后银圆券之害也更深。金圆券从面市到寿终不过9个月光景，其贬值速度比法币更为迅速，物价上涨更为猛烈，可谓月月涨，天天涨，一日数涨，数月间，市面流通纸币的面额便从一元、五元、十元小钞一路跃升到十万、五十万、一百万大钞，甚至五百万、一千万、五千万面额金圆券本票也投入市场当纸币流通。1949年6月，重庆的交通运输、邮政等公用事业率先改用银圆计价收费，随后各商店也改用银圆标价，拒收金圆券。6月23日，国民政府被迫公布

年，汇丰银行重庆分行、麦加利银行重庆分行相继在重庆开业，这两家银行也是国民政府首次批准颁发营业执照的两家外资银行。到1944年，重庆已有各类银行达70余家，其中总行设在重庆的银行就有近40家。银行业资本达7亿余元，吸收存款13.5亿元，在渝银行业达到抗战以来的鼎盛时期。

这一时期重庆的金融货币，已进入国家统一货币即法币时期。法币流通初期，其积极作用是显而易见，它不仅直接缓解了"白银风潮"所引起的通货紧缩、企业倒闭、市场萧条局面，使社会经济得以恢复发展，为后来的艰苦抗战奠定了物质基础，而且，统一币制，消除了军阀割据时的货币混乱现象，才有可能统一调配国家财政金融资源，集中财力支持长达八年的抗日战争。

当然，在抗战后期，由于超量发行货币，导致严重的通货膨胀，法币大幅贬值，从而对重庆人民的生活造成了灾难性影响。如果说，导致抗战后半期日益严重的通货膨胀，最主要的因素还是战局进入了最艰难的阶段，即太平洋战争爆发后，日军先后占领了上海租界、香港、缅甸等地，切断了我国与西方各国的海陆交通，封锁了物资运输通道，并加紧向华中、西南发起攻击，致使物源萎缩、财税枯竭，入不敷出，也就只能不

金圆券5亿元兑换银圆一元，承认银圆可以流通使用，实际是宣告金圆券在金融舞台上的丑恶表演狼狈谢幕。

1949年7月初，退踞广州的国民政府鉴于金圆券的彻底失败，无奈恢复银本位制，发行银圆券与银圆等价流通。重庆中央银行随即公布发行银圆、银圆券、银圆辅币券及相关兑换、流通办法。8月，长沙、福州等地相继来解放，广州政府各院部、人员分批迁来重庆，随之带来的大量银圆券，对重庆市场造成冲击，致使物价上涨，银圆券贬值，遂引发重庆市民持券挤兑银圆事件。11月中旬，蒋介石再次紧急飞抵重庆，召集军政要人商讨对策，欲固守川东防线。而刘、邓大军进军西南解放贵州后，乘胜向川黔边界一线挺进，先后解放涪陵、攻占綦江。30日重庆迎来解放，蒋介石仓皇逃离飞往成都。12月10日，中国人民银行重庆分行成立，人民币成为唯一合法货币，广大市民持有的银圆券可按规定比例兑换人民币。至此，这些历经沧桑的老钱币，伴随着重庆城市发展的潮起潮落，走完了它的风雨历程，其间既有辉煌，也有黯淡。一枚枚旧币，一张张旧钞，将人们带入那逝去的岁月，并讲述那段历史的精彩片断。

票号、钱庄

票号

票号是以汇兑为主，兼办存放款、发行票据等业务的民营金融机构，可谓早期的中国式银行。票号在承汇时，以票汇方式交予汇款人一种有本号特有暗记的汇票，凭此票即可在全国联网的异地分号兑取现银，故习称为"票号"。晚清以来，重庆的票号有以山西人为主的西帮票号和浙江、云南商人开设的南帮票号。大名鼎鼎的日升昌票号即发源于重庆。

日升昌是中国票号的鼻祖，其创始人雷履泰为山西平遥人，他早年在天津开设日升昌颜料铺，往返于京、津、川贩卖铜绿，并在重庆设有分店，信誉颇高。乾隆时清政府有大批军饷需运往四川，而重庆日升昌商号恰有一批盈余款欲运北京。日升昌通过与其素有交往的清官员协商后，采取双方互为拨兑的办法，只以一纸信函，即解决了双方长途运送现银而蜀道艰险的不便和风险。重庆遂成为西帮商号最早经营异地汇业的发源地。约在道光初年，日升昌正式将颜料商号改为专营汇兑的票号。其后票号在重庆如雨后春笋，开埠前后达到16家，光绪年间最盛时有近30家，以西帮势力最为强大，如平遥帮的日升昌、蔚泰厚、百川通，祁县帮的大德通、大德恒等。

南帮票号以天顺祥最具实力。其创始者云南人王兴斋于1868年在重庆开设天顺祥商号，主要经营货运于川滇之间。一次，云南巡抚兼督办川省盐务的唐炯，急需现银10万两，重庆西帮票

清日升昌票号钱票样票。历史上的票号很重视信用，对发出的银票、钱票负责收回，并对汇票有严格的管理，一经兑现即行销毁，所以，票号的票据能流传下来的有如凤毛麟角

天顺祥票号重庆分庄汇票银,铭刻有"祥记造、民国元年、十足票银"字样

四川汇票银

号无人敢接招。王兴斋得此消息,通过重庆盐务委员张氏引见,表示愿意垫借此款,并于约期内筹齐银两。为抓住时机扩大影响,是晚,王将10万两白银分为1 000两一挑,每一挑担悬挂一个天顺祥灯笼,又雇了100名挑夫,亲自率领这支运银队伍,浩浩荡荡蜿蜒行走在夜里山城,远远望去犹如一条火龙闪烁,沿途观者如潮,一时轰动全城。王此举解了唐炯燃眉之急,深得唐的赏识。不久王又成功为川东道姚某解银3万两获得厚利。天顺祥由此名声大震,其商号业务也改为专营汇兑的票号。

王氏创建的天顺祥票号,真正在重庆的发展壮大,实得于后任管事李耀庭的非凡经营才能。李耀庭自幼家境贫寒,年少时便以一根扁担为商家挑货,又入马帮。李耀庭与人合伙在叙府开设荣茂公商号搞货运时,结识了天顺祥的王兴斋,李的精明干练,颇受王氏器重。后王氏因故留昆,李成为天顺祥的实权人物。王授权李耀庭以渝号管事身份,协辖外埠事务。滇号虽为总号,但其下属各埠的汇兑收交,均通过渝号过账。渝号实际上成为天顺祥的业务中心。由李主持的天顺祥渝号与重庆官商各界交往甚厚。如1902年,新任四川总督岑春煊赴任取道重庆,特去天顺祥拜见李耀庭,众人对李刮目相看。李甚至被称为"在野相爷"。

得到官方支持的天顺祥业务蒸蒸日上,滇、黔两省的军需协饷均由天顺祥垄断承办,除其他公私款项的存、汇业务外,还得到唐炯特许经营四川盐岸,贵州所需食盐分水陆两路运送,水路则由涪陵经乌江运发。天顺祥设在涪陵的祥发公司为川东最大的盐号。此外,天顺祥还开有钱号、金厂并投资实业,如重庆最早的电灯企业重庆烛川电灯公司及川江行轮公司等。天顺祥的鼎盛时期,在北京、上海、广州、福州、汉口等15省设有分号(当时全国共18个省),并在香港海防设有代理机构,一时成为国内名声显赫的大票号。李耀庭也由一介挑夫,一跃成为山城巨富,且具有一定进步思想和爱国热情。1904年,重庆总商会成立,李耀庭被推选为首任会长,成为重庆商界领袖人物。

辛亥革命前后,由于新式银行业的发展,以及票号与清官府的深厚利益关系,票号的运营机制已不适应社会的发展,其业务渐趋衰落,重庆各帮票号先后歇业,退出了历史舞台。

钱庄

清代的钱币，为银两、制钱和银圆以及后来出现的铜圆并行流通。为满足人们的日常生活以及商家的贸易往来所需，市面上就有一些专门经营银钱兑换的小钱摊与钱铺。重庆开埠后，这些钱铺业务日趋兴旺，在较场口、米亭子到关庙街一带，这些钱摊、钱铺一度达数百家之多。能满足商家资金周转融通，资金实力较为雄厚的钱铺，在原有兑换业务基础上，开始办理存、放款业务，遂改为正式的钱庄。

清末民初，时逢票号衰落，素与各商号货帮业务往来较多的钱庄得到蓬勃发展，如当时经营出口的药材、山货、生丝、盐、糖、烟叶和进口的布匹、棉纱、五金、杂货等商帮的存、贷款与汇兑均由各钱庄办理。在民国建立以来的前十来年，重庆的钱庄发展到50余家，其在重庆市场的地位与作用曾一度超过银行。因政局不稳及有关金融事件，重庆钱庄业一度受挫，大多停业或倒闭。1937年抗战爆发，重庆成为战时首都，沿海工商企业纷纷内迁，大量资金涌入重庆，重庆钱庄业发展迎来第二次高潮，钱庄的业务亦更向多元扩展。1945年抗战胜利后，国府还都，大量内迁企业回迁，重庆金融市场的大量资金流向长江中下游地区，致使重庆工商业陷入重重困境，曾红火一时的重庆钱庄业趋于萎缩。

晚清至民国数十年间，重庆钱庄业的兴衰见证了重庆区域经济的起落变迁与金融领域的许多悲喜剧。在重庆同生福、信通、永生、义丰四大钱庄中，最具代表性及戏剧色彩的当属同生福钱庄及其创始人汤子

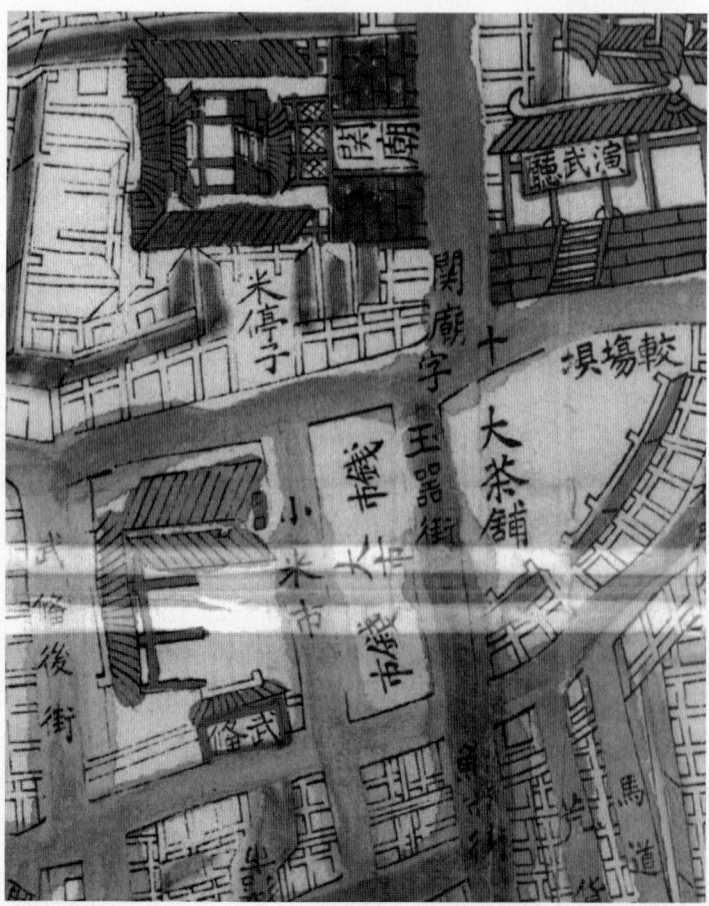

清《重庆府治全图》中描绘的重庆钱市街道

敬。汤是江西人，因家境贫寒，才14岁就随叔父外出谋生。初来重庆曾学过裁缝，后到谢亿泰布店当学徒，老板谢亿堂十分赏识汤的精明能干和人品，还将女儿许配给汤。光绪年间，大足余栋臣起义威震川东，许多商号纷纷将余货运往宜昌、沙市避险，进货暂缓，独汤子敬认为清政府还不至马上倒台，"要得富，险中做"，他抓住时机将上海的大量进货赶运重庆。时逢清官府赶制大批军衣，而此时的重庆市场布匹奇缺，价格暴涨，谢亿泰布店一炮走红，赚了个盆满钵满，汤子敬在商界崭露头角。

1896年，汤子敬创办重庆第一家钱庄——同生福。不久，汤离开布店自立门户创业，到1909年时，他已拥有经营银钱、布匹、棉纱、山货、食盐等钱庄、商号十余家，至民国初年，汤已为闻名重庆的巨富，人称"汤百万"。有的企业要想在重庆立足谋发展，他只要答应参与挂个名，便成为了股东，且照样分红。有的企业出现信用危机，只要把汤子敬请到该号一坐，甚至在店堂上挂一幅有汤题字的条幅，便可化险为夷。汤所经营的同生福钱庄也确为许多商号（尤其是江西商人开办）的经营活动提供了支持，这些商号靠同生福给以资金融通，同生福则靠他们吸收存款，并以此资金做大汤氏各号的商业经营。如每年旧历的四、七、十月为各商号、货帮大宗交易的旺季，银根吃紧，实力较差者多难以筹资进货，甚至于忍痛抛货求现，当春牌、洪水、秋关三个销售旺季到来时却无货可售。而汤字各号则有汤的钱庄为后盾，从未错失进货

江津小镇钱铺旧址

重庆陕西路8号原三百公司钱庄旧址

良机，故总是生意兴隆。

1925年，汤子敬携现银100多万两，亲赴汉口开辟新的市场，仍计划采用金融与商业并举的策略。汤出师汉口，一方面是贪图汉口放贷利息高，可大赚一把，另一因素则是其弟媳以兄弟间未分家为由，暗中串通军阀要挟，欲分割他的财产。孰料一心贪图汉口高利息的汤子敬出师不利，经营失误陷入困境，

借出去的银子收不回来。其后又遇武汉国民政府发布《集中现金条例》禁用现洋,致国库券市价暴跌,人们纷纷竞相抛售,后至对折都难以脱手。唯汤子敬与众不同,手握巨额国库券不为所动,以为又是当年余栋臣起义形势之再现。殊料时移势易,汤子敬此次打错算盘,又赔入老本100多万两银子,元气大伤。1932年,汤字号中民记钱庄因受汉口昌和烟土公司倒账拖累倒闭,发生连锁影响而致多家钱庄、商号停业。同生福钱庄虽避过一劫,却已连带损失三四十万两,曾风光无限的"汤百万"已是江河日下。抗战期间,已无回天之力的汤将自己苦心经营的钱庄、商号或卖或停,连视为其命根子的同生福钱庄也被迫转让易主。

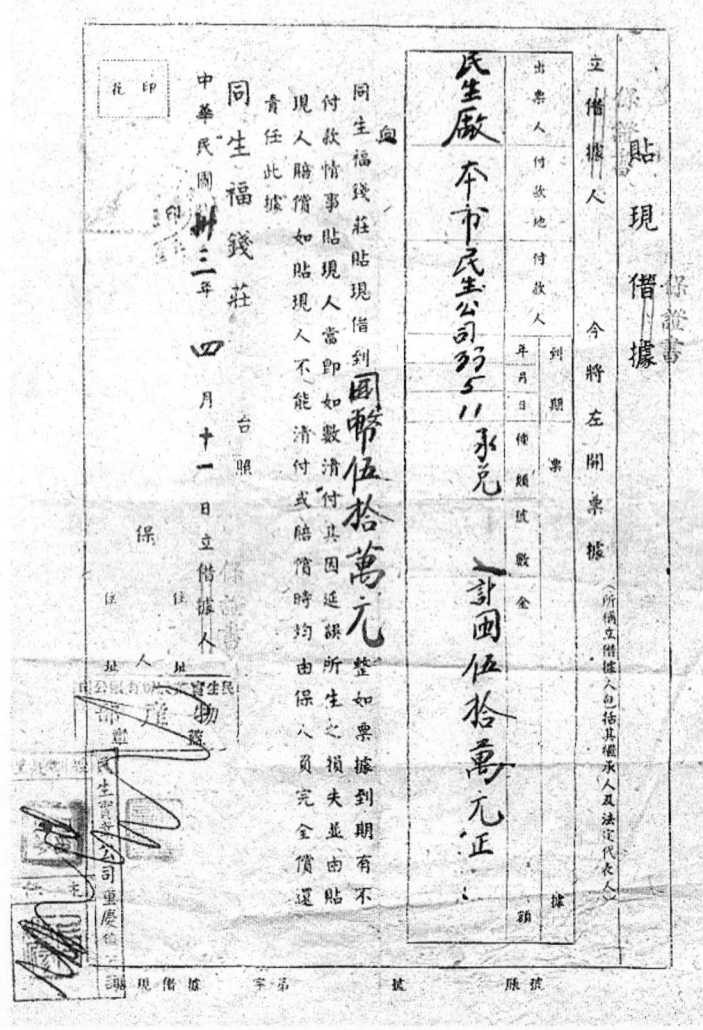

民国三十三年同生福钱庄贴现借款保证书

民国十四年永川县东昌钱庄银票

民国钱铺银钱兑换招幌

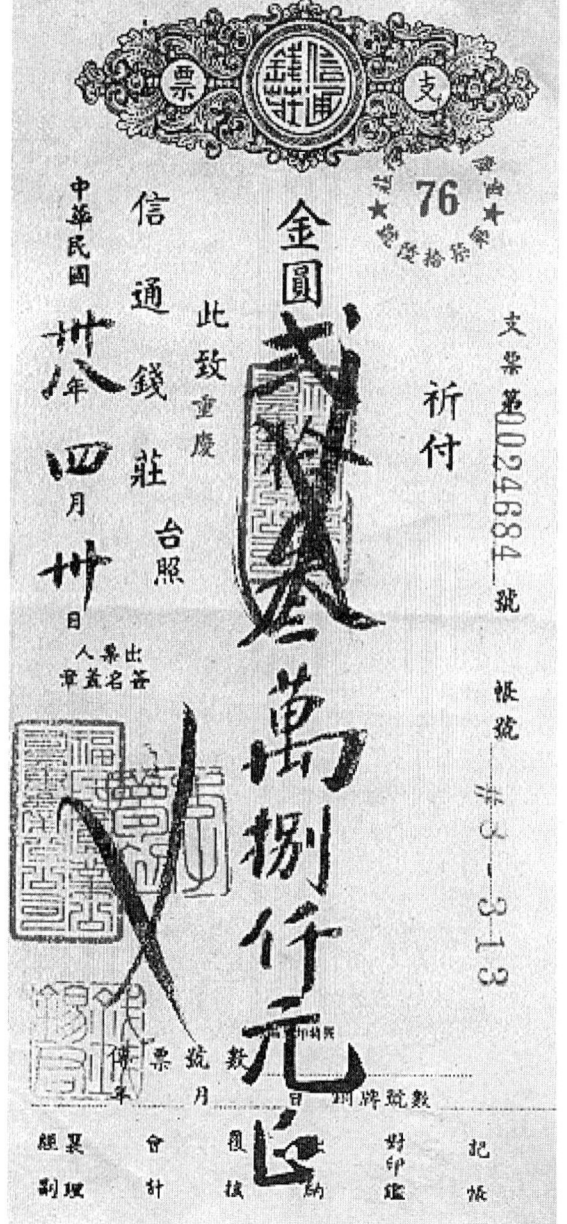
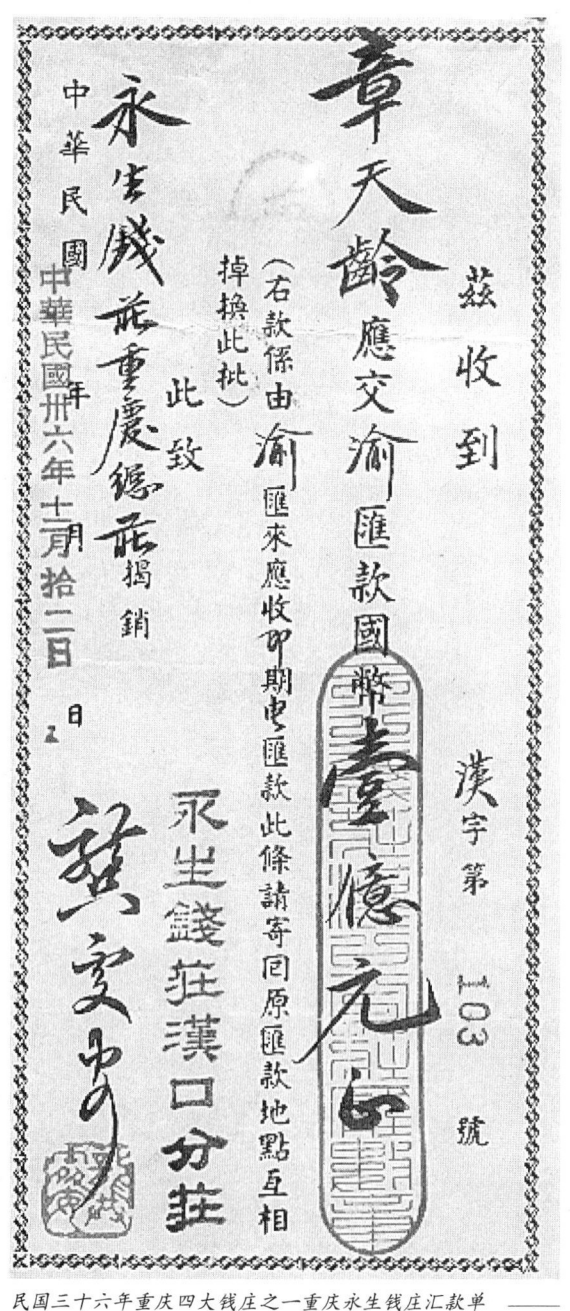

民国三十八年重庆四大钱庄之一重庆信通钱庄支票　　民国三十六年重庆四大钱庄之一重庆永生钱庄汇款单

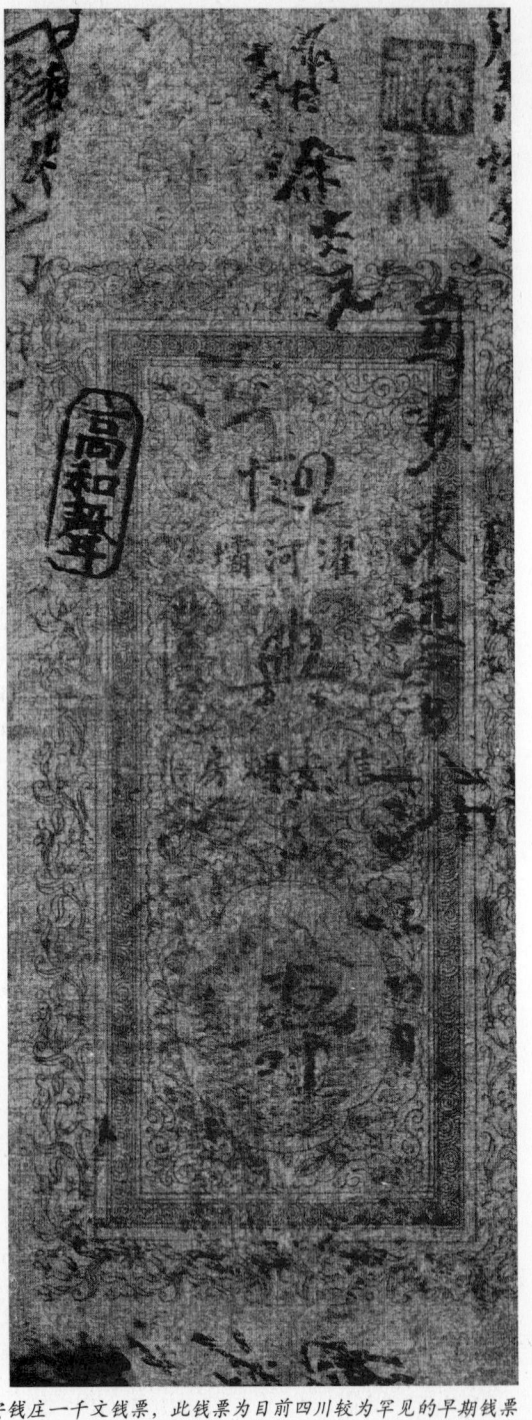

清酉阳詹信安钱庄一千文钱票，此钱票为目前四川较为罕见的早期钱票

晚清金属币

银两

　　银两是我国传统的本位货币，即人们常见的银元宝或碎银块，形状和规格多种多样。银两的种类主要有元宝（习称翘宝）、大锭、中锭、锞银、碎银（亦称"滴珠"），以馒头形的十两锞银最为流行。银两历来多由民间自行铸造，各地所出银两的成色、重量可谓千差万别，加之各地平砝（秤）的计量标准各异，因此，在实际的交易流通中，各地银两的换算折价程序复杂手续繁琐。重庆是四川商贸物流集散中心，银两的流通数额巨大，借此东风，重庆的银炉和公估局生意红火。当时的银炉又称"倾销店"，它既可自购生银铸成标准银锭出售，

杂款税银，有"光绪七年杂款"、"铜梁县"、"匠恒泰裕"字样

盐厘银，有"渝盐厘局"、"商利顺和"、"裕发荣"字样

重庆江北厅税银，有"江北厅"、"十四年"、"永裕森"字样

涪州捐输税银，有"光绪十年捐输"、"匠涂裕盛"字样

四川各州县税银

亦可将客户委托的各种银锭熔化改铸为所需成色重量的银锭。1892年，巴县知县耿和丰鉴于银两流通中的种种问题，影响到商贸的顺畅，遂统一推行新规，即各地银两均须按重庆的九七平成色改铸为十两或五两的银锭，方准予在市场流通。这就是重庆通行的新票银，亦是在晚清全国几大港口商业城市中，能与上海的二七宝银、汉口的二四宝银等比肩，为各地认可、各地通用的标准成色银锭。

公估局，即专门负责鉴别银两成色、换算评定银两重量的公证机构。重庆公估局是在光绪年间由各商帮合资开办，并在朝天门龙王庙内、白象街等地设有分处，以方便商民。公估局鉴定评估银两的报酬，一般是按银锭数量每件收取制钱四文，即使按一两的小银锭算，其收取费用也不算高。然经公估局验证的银两如出现问题，对客商造成的损失，则要由公估局来赔偿。

股票银，铭刻有"股票"、"二十四年匠"、"裕国泉"等字样。鸦片战争以后，四川民族资本主义萌芽，且有相当进展。无论是在火柴、织布、缫丝、采矿、铁路、机械制造等行业，往往由官款、地方公款、民款合资兴办企业，由官民认购股款，遂铸有专门的股票银。股票银存世稀少，弥足珍贵

聚寶藏珠

這兩位年
火仙果等
得廣財源
身邊好似
搖錢樹浣
福祿千古
獨根步

戊子夏月

清代的钱币为银两、制钱和银元以后来出现的铜元并行流通，人们的日常生活以及商家的贸易往来所需的小钱摊与钱铺重庆开埠后这些钱铺专门人经营银钱兑换的小钱摊与钱铺

晚清绵竹"聚宝藏珠"板拓图

制钱

　　清代的铜钱通称为"制钱",由户部的宝泉局和工部的宝源局及各省钱局铸行。雍正年间于成都设宝川局铸行铜钱,重庆市场流通的铜钱多为宝川及宝泉、宝源等局所铸。在商贸交易中,一般是大数用银,小数用钱。民间日常生活的一般交易,即使有银,也多是将碎银拿到钱铺兑换成铜钱再用,故而铜钱与百姓日常生活关系最为密切。银、钱比价为每银一两合铜钱一千文(枚),但在实际流通中,受银、铜价格及供求关系变动的影响,其比价常常上下波动,并不稳定。晚清时期,银价回落,铜价趋贵,宝川局与其他各省钱局铸钱日少,重庆市面铜钱短缺,私铸劣质小钱混杂于市。光绪年间,重庆市场的铜钱流通,出现多个类别,如红钱、当头炮、一九钱、二八钱等。所谓红钱,即一串钱中无劣质钱为上等;当头炮即一串钱中两头各掺入少许劣钱,为二等品;一九钱则是百文中掺有十文劣钱者,此又称为"大市钱",最为盛行。随着新式机制铜圆的渐次普及,流行中国封建社会二千余年的方孔圆钱逐步退出流通,民国初年多被销毁。然"孔方兄"一词的生命还延续至今。

清代制钱

古代人们的钱币为银两、制钱和银元以及后来出现的铜元并行流通。人们的日常生活以及商家的贸易往来两需要专门经营银钱兑换的小钱摊与钱铺。重庆开埠后，这些钱铺

老钱票

清末民国初年的小商贩

清造币总厂户部官员合影

银圆

1890年，中国官方铸造的银圆光绪元宝发行问市，恰在这一年，中英《烟台条约续增专条》签订，重庆准为通商口岸。次年3月，重庆海关成立，重庆正式开埠。其后，外国银圆，广东、湖北等省所铸银圆，随民间商贸有少量流入重庆。1896年4月，颇有远见的四川总督鹿传霖认为：川省制钱日见短绌，重庆又为商贾云集之地，将来银圆必可畅行，足以济制钱之乏。于是饬川东道赴鄂领回湖北造银圆一万元转交重庆先行试用，这是重庆奉令在四川首开风气试用银圆。1897年又从湖北领回银圆四万元在重庆试用，次年，重庆府知府又准增用安徽、福建两省银圆，重庆市面银圆逐年增多。

光绪皇帝像

清代的钱币为银两、制钱和银元。川及后来所出现的铜元并行，通人们的日常生活的川及商家的贸易往来，皆出门经营银钱兑换的小钱摊与钱铺。重庆开埠后，这些钱庄

四川省造光绪元宝七钱二分银圆　　湖北省造光绪元宝七钱二分银圆

光绪二十七年（1901年），成都设立造币厂，先后铸造光绪元宝和宣统元宝，民间称为"川版龙洋"，在全川流通。至此，银圆渐成为重庆流通领域中的主流货币。

四川省造光绪元宝三钱六分银辅币正背面

宣统二年（1910年），《币制则例》定银圆为国币，并将铸币权收归中央。次年，根据"则例"改铸新版龙洋"大清银币"。此时的中国，各地反清浪潮此起彼伏，当初象征满族坐镇中原一统天下的"光绪元宝"满文字样（即居于钱文四汉字中间相对应的四个小满文），这时已变为有被汉族包围四面受敌之嫌。于是新版龙洋的设计，将其圈内四个小满文放大并移至"大清银币"圈外上方，据说，这样可居高临下，控视全局。孰料这寄托无限希望的新版龙洋铸成，惊天动地的辛亥革命在武昌爆发。所有大清银币皆用作军饷，辗转流通于各地。民国时期，这些晚清银圆仍流通于重庆市面。

四川省造宣统元宝七钱二分银圆正背面

宣统三年大清银币正背面

外国银圆

　　早在明朝晚期，外国银圆已通过直接或转口贸易流入我国，清初海禁取消后，更是大规模涌入。国人面对这新鲜玩意儿，尚未领会其先进之处，在使用中，早先流入的银圆，要由钱商称其重量，鉴其成色，加戳印记后，仍作为银两来计值使用。由于这种机制银圆均有标准的重量和成色，大小规范统一，铸

重庆海关税务司界

位于南岸的重庆海关原址

法属安南银圆

西班牙银圆（一）

墨西哥银圆

西班牙银圆（二）

奥地利银圆　　　　　　　　　　　英国贸易银圆

工精美，很快受到国人的青睐，不久便以枚数计价流通。再后，人们甚至宁愿用十足纯银去换含银九成许的银圆来使用。先后流入中国的银圆，以西班牙本洋、墨西哥鹰洋、中国香港或英属印度银圆等流通较广，影响较大。其中西班牙本洋是最早在中国流通的洋钱，有"双球双柱"和"人像双柱"两种款式，前者有海浪上的东西半球加皇冠，寓意西班牙国王要统治全球的海洋、陆地，使之成为世界殖民大帝国。人像为西班牙国王的胸像。墨西哥鹰洋是流入中国数量最大的外国洋钱，据清度支部宣统二年（1910年）的统计，当时国内流通约有4亿枚。该银圆正面饰有张翅叼蛇立于仙人掌上的雄鹰，为国徽图案，系来自墨西哥的古老神话传说，意谓迁徙中该景象出现之地即为民族的永久居住地。1891年3月，重庆海关成立，标志重庆正式开埠，并成为对外通商口岸。重庆开埠后，先后有西班牙本洋、墨西哥鹰洋、英贸易银圆、法属安南银圆、奥地利玛利亚银圆等流通于市，重庆人始有机会见识这图案精美的新式机制洋钱。

铜圆

　　1900年，李鸿章在广东开铸铜圆，获利颇丰，让清政府尝到了甜头，于是准予各省仿铸。四川亦先后在成都、重庆两地设厂铸钱。1903年四川铜元局铸行的当五、当十、当二十文三款铜圆随即于川内面市流通。1905年，清政府又令各省将所铸的"光绪元宝"铜圆统一改铸为"大清铜币"，并在新版铜圆中心加铸各省的汉文简称，四川铜元局即加铸"川"字。该铜圆版式为正面上列"四川官局造"，中著"光绪元宝"，四汉字中为满文"宝川局"，背面中心饰一蟠龙，上为英文"四川省"，此乃四川省开铸及流通的新式铜圆的首类款式。重庆铜元局创建于1905年，于两年后建成，因铜料来源问题，只小批量试铸，尚未正式投产。重庆市面流通的主要为川厂铜圆。川厂铜圆系用紫铜铸成，每枚铜圆含铜量均在95%左右，质量较好，铸工精整，不仅使用方便，亦缓解了制钱缺乏周转困难的局面。

———— 四川省造光绪元宝当三十铜圆水龙版

———— 四川省造光绪元宝当二十铜圆

———— 四川省造光绪元宝当十铜圆

川字户部丙午大清铜币当制钱二十文

四川省造光绪元宝当三十铜圆飞龙版

四川官钱局造光绪元宝每枚当钱二十文

晚清纸币、股票

户部官票、大清宝钞

清朝政府鉴于明代滥发纸币造成恶劣后果的深刻教训,长期以金属货币为主,对发行纸币极为慎重。到咸丰三年(1853年),外要赔款,内要用兵,受太平天国战争影响,清政府税收锐减,财政枯竭。在不得已的情况下由户部发行了官票,又称银票、银钞,以银两为单位,随即又发行宝钞,又称钱钞,以制钱为单位。在当时市场流通中,小额交易用宝钞,大额用官票,老百姓出行购物、做买卖,须同时携带两种纸币,民间将两者合称"钞票",以便于称呼,这即是我们常挂在嘴边"钞票"一词的由来。

官票面值有一两、三两、五两、十两、五十两五种。下部注明"户部奏行官票,凡愿将官票兑换银钱者与银一律,并准按部定章程搭交官项,伪造者依律治罪不贷"。

宝钞初分二百五十

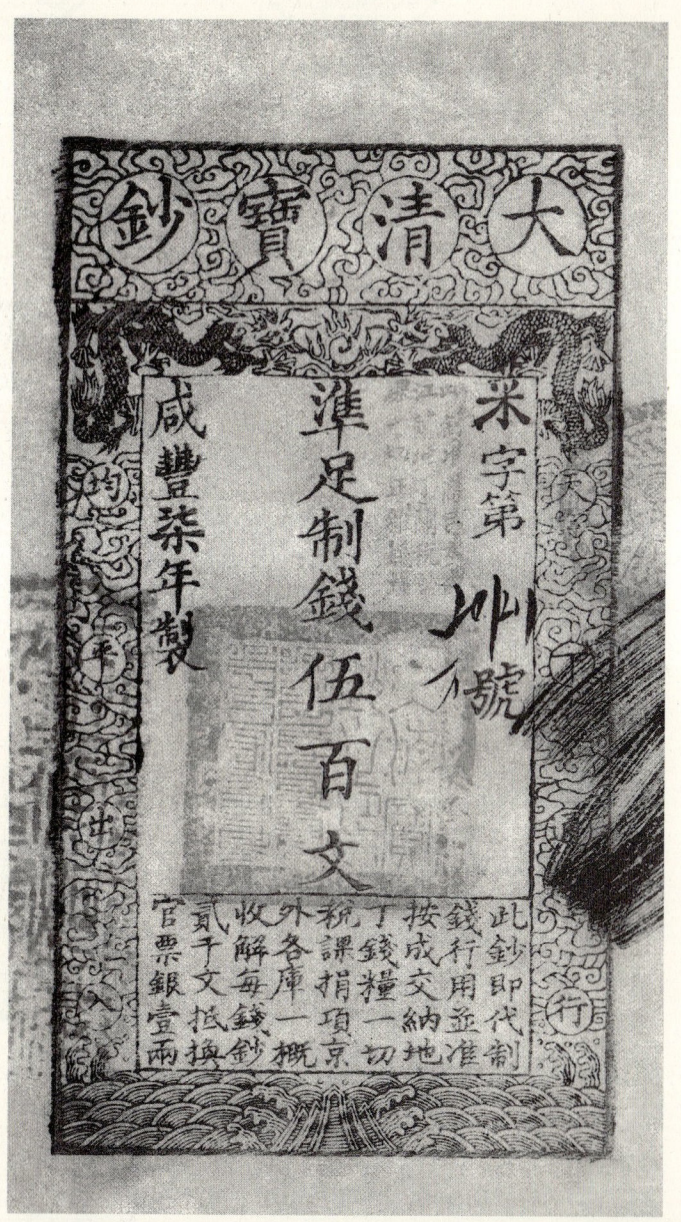

大清宝钞

咸丰五年户部官票

文、五百文、一千文、一千五百文和两千文几种，后来增发五千文、十千文、五十千文和百千文几种。下注明"此钞即代制钱行用，并准按成交纳地丁钱粮，一切税课捐项，京外各库一概收解，每钱钞二千文抵换官票银一两"字样。

咸丰四年（1854年），四川官钱局曾两次奉户部发来官票236 700两。川省推行官票、宝钞的情况与其他各省一样，并不顺利，清庭发钞政策，希望推及全国，不料各省阳奉阴违，不愿推广。咸丰五年（1855年），四川总督乐斌在奏折中称"四川饷银向用实银支放，骤难折钱，请以兵饷一项以一成官票折放，试行官票大钱尚多格碍"。同治元年（1862年）四川奉令停用官票、宝钞，钱局也同时撤销。当时的重庆已是四川省最大的商业城市，商贸往来以及民间交纳赋税仍以银两、制钱为主。当时重庆府所辖江津县的县志记载曾有官票流通，重庆其他地区官票宝钞的具体流通情况，史载不详。

中国通商银行银两票、银圆票

　　中国通商银行于光绪二十三年（1897年）设立，它是由督办铁路公司事务大臣盛宣怀奏准开设的我国第一家银行。总行设在上海，曾发行银两、银圆两种钞票，这是我国近代银行第一次发行的钞票。

　　该行最初发行有光绪二十四年版银两票，面值有一两、五两、十两、五十两、一百两五种；银圆票有一元、五元、十元、五十元、一百元五种。银两、银圆票正面为中文，背面是英文，中文称中国通商银行，英文称中华帝国银行，钞票背面有洋班经理美德伦的签字，这是中国货币史上的一桩怪事。从光绪三十年（1904年）起，该行发行的银两票、银圆票票面设计又印上了民间喜闻乐见的财神形象。

　　光绪二十五年（1899年），中国通商银行在重庆开设分行，这也是重庆最早开业的一家银行。该行在重庆亦发行银两票和银圆票两种纸币。其业务除办理政府官款的汇兑外，也承办一般存、放业务。因受土商春森发号倒闭欠款的拖累，损失巨大，于光绪二十八年歇业，随后发行的两种纸币亦停止流通。

　　1941年12月，太平洋战争爆发，日军先后占领上海租界香港等地，在此形势下，中国通商银行由上海迁来重庆，1942年2月，中国通商银行重庆分行再次在渝开业，董事长为杜月笙。

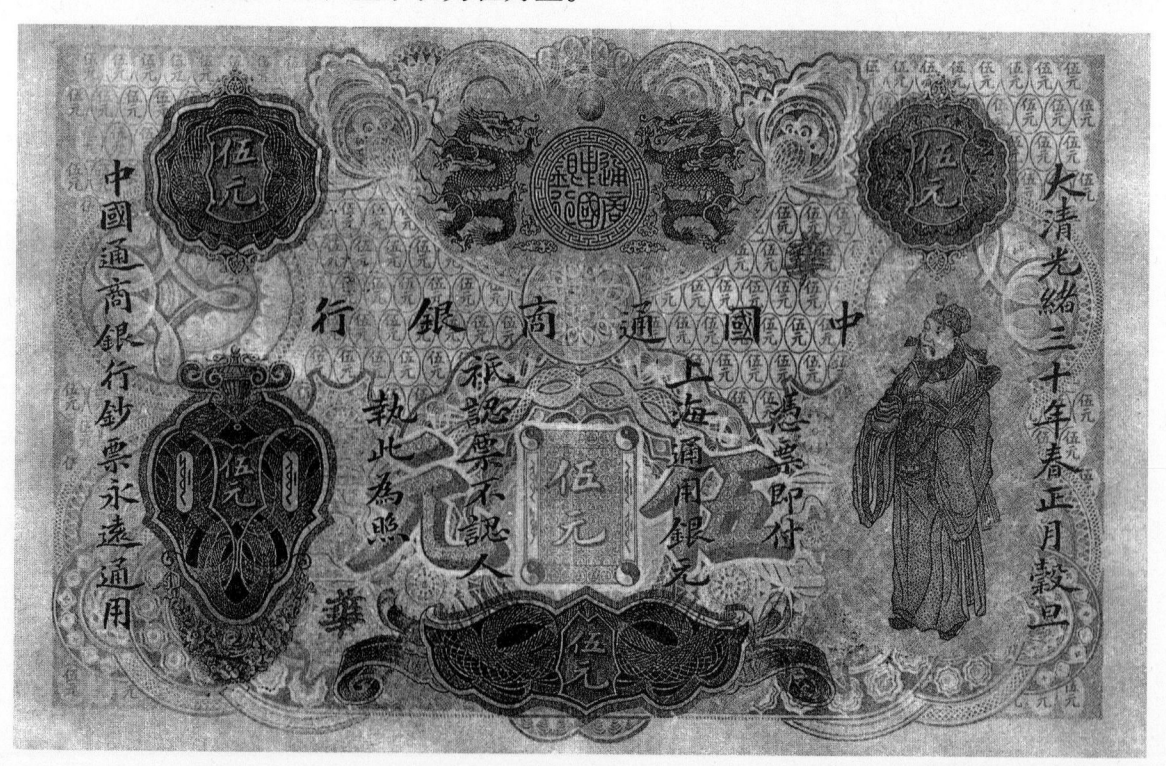

中国通商银行银圆票五元正面

中国通商银行银圆票五元背面

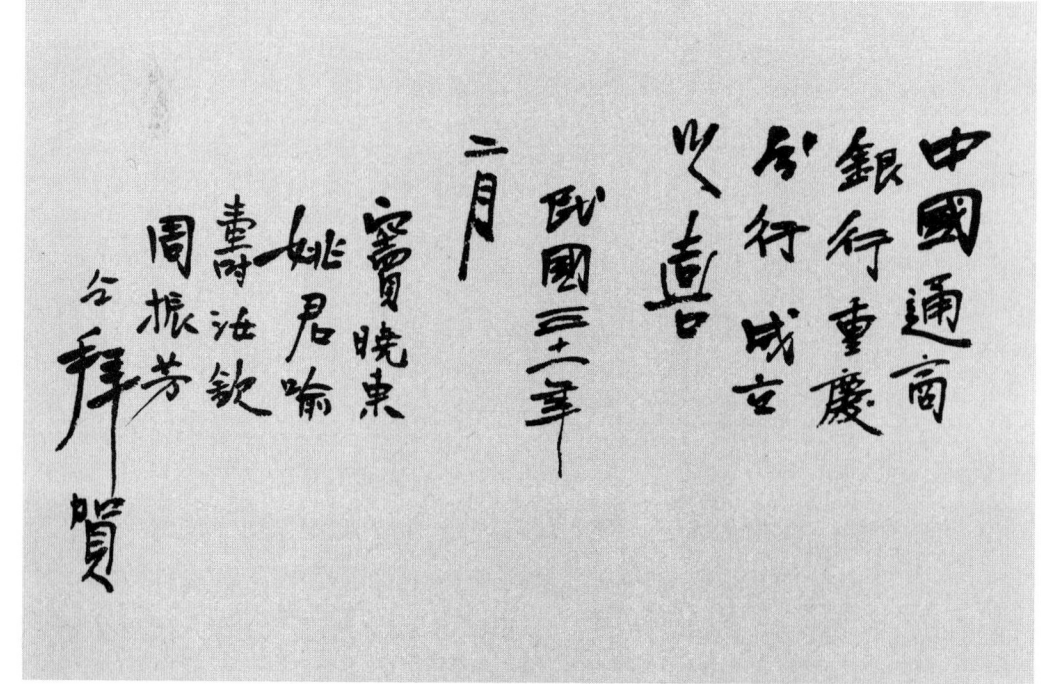

民国三十一年重庆通商银行成立时姚君喻等人志贺词(绣品)

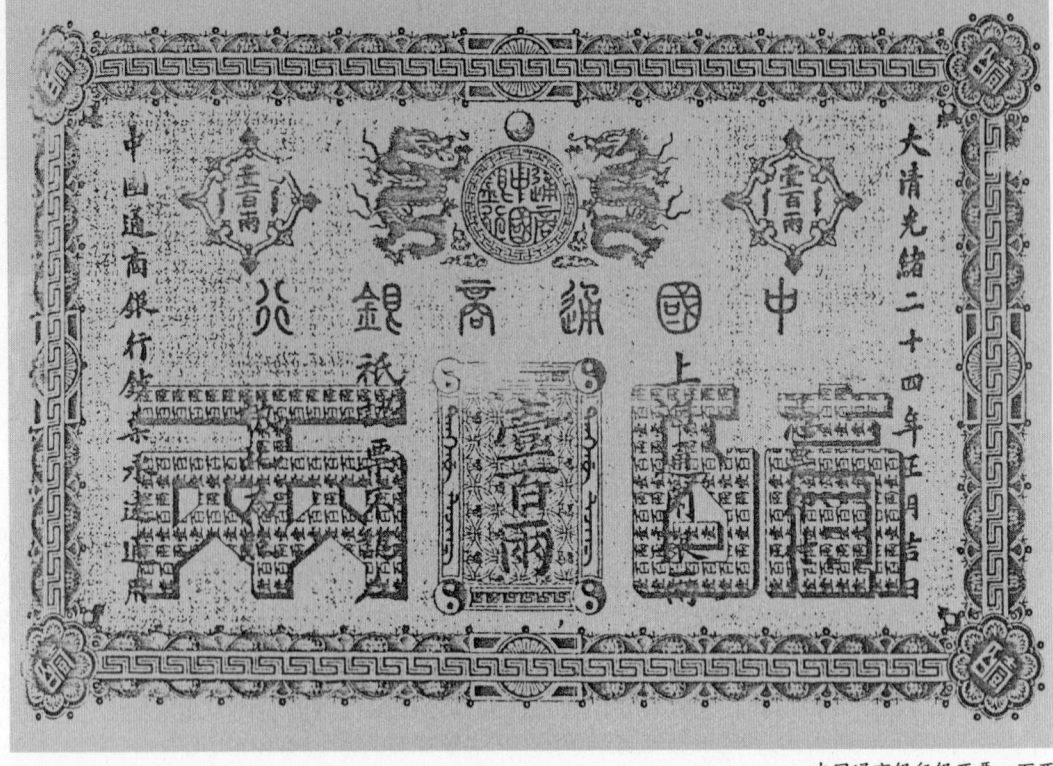

中国通商银行银两票一百两

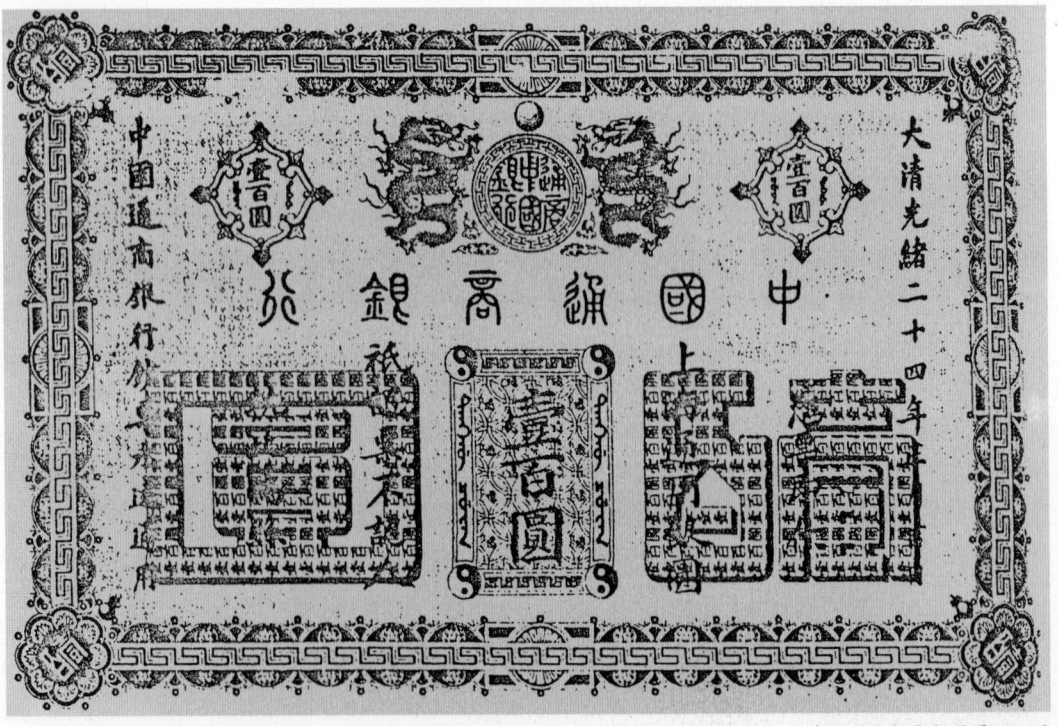

中国通商银行银圆票一百元

老钱票

清代的钱币为银两、铜元小钱等。市民们的日常生活以及商家的贸易往来,所富市就专门经营银钱兑换的小钱摊与钱铺。重庆开埠后,这些钱庄

重庆中国通商银行支票样票

大清银行银两券、银圆券

为调节"国用盈虚"和整顿币制，光绪三十一年（1905年），清政府成立了中国第一家国家银行——大清户部银行。该行除经营一般银行业务外，还有铸造货币、发行纸币、经理公款等特权。曾发行银两、银圆、制钱三种。为保证发行钞票的权利，度支部在光绪三十四年电咨各省巡抚请于各通商口岸的外国租界以外，停止外国钞票的流通。

光绪三十一年发行直型纸币，次年发行印有各省地名的兑换券。银两票有一两、五两、十两、五十两、一百两，至一千两多种；银圆票有一元、五元、十元三种，此外还发行钱票。宣统二年（1910年），清政府还筹划发行最后一套，也是最为著名的印有摄政王载沣像的"大清银行兑换券"，以元为单位，有一元、五元、十元、一百元四种面值，本打算在全国范围内不分地区流通，但未及发行，清政府就覆灭了。因清末已到乱世之秋，国家银行并未充分发挥作用。

光绪三十四年，户部银行改名大清银行。同年，大清银行在重庆设立分行，行址设在千厮门正街。宣统元年（1908年）至宣统三年，陆续在重庆发行了银两券和银圆券两种纸币。辛亥革命后，蜀军政府接收重庆大清银行，并改名为大汉银行。

大清户部银行兑换券十两

古代人们的钱币为银两、制钱和银元以后来出现的铜元并行流通。日常生活以及商家的贸易往来,专门经营银钱兑换的小钱摊与钱铺,重庆开埠后"富市面"支坐钱铺一时门庭若市。

大清银行兑换券一元券

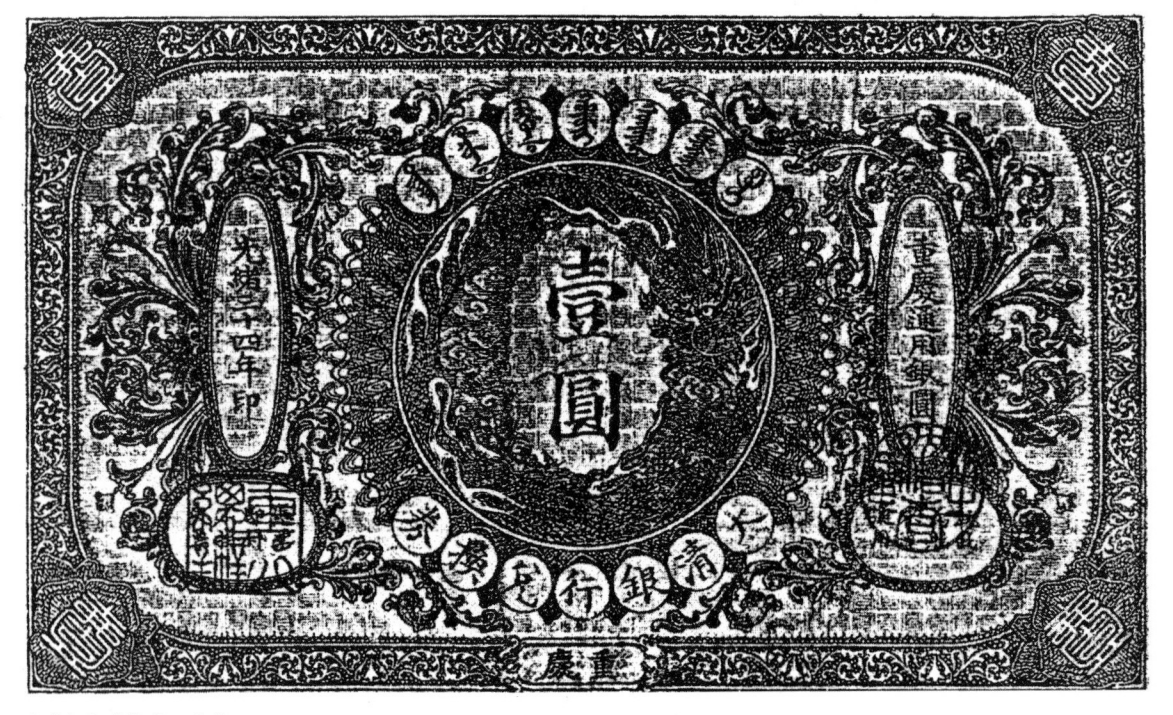

大清银行兑换券一元券

老钱票

伍圓

老錢票

清代的錢幣為銀兩、制錢和銀元,以及後來出現的銅元并行通用。人們的日常生活以及商家的貿易往來所需,專門經營銀錢兌換的小錢攤與錢鋪,重慶開埠後,這些錢

大清銀行兌換券十元券正、背面

川汉铁路股票

19世纪末20世纪初,帝国主义加快了在中国"势力范围"的争夺。英法等国以川江水道险阻为由,急于把铁路修进四川,以连通成都、重庆至汉口和云南的陆上通道,并不断向清政府施压,欲夺取川汉铁路筑路权。1903年,调任四川总督的锡良,在四川各界强烈要求自办铁路,抵制洋人专利的压力下,奏请"自设川汉铁路公司,以辟利源而保主权"。次年1月,官办"川汉铁路总公司"成立。后经反复争取,川汉铁路从官办改为官商合办再到最终实现完全商办,1907年改名为"商办四川省川汉铁路有限公司"。

规划中的川汉铁路东起汉口,经宜昌、重庆、内江,终站成都,全长约两千公里,估算需银5 000万两以上。虽耗资巨大,但川汉铁路自1905年议定的《集股章程》,到1907年商办铁路的《续定章程》,均坚持由川人或国人自己集股修路。川汉铁路股票票面上就明确告示:"专集中国人股份,此票转售亦只准售予中国人,倘抵售予非中国人,本公司概不承认,即将所领之票作废。"其后,商办川省川汉铁路有限公司印制的股票票面也明确写有类似语句。

川人自办铁路,外国列强岂肯善罢干休。1910年,英法德美四国银行团在

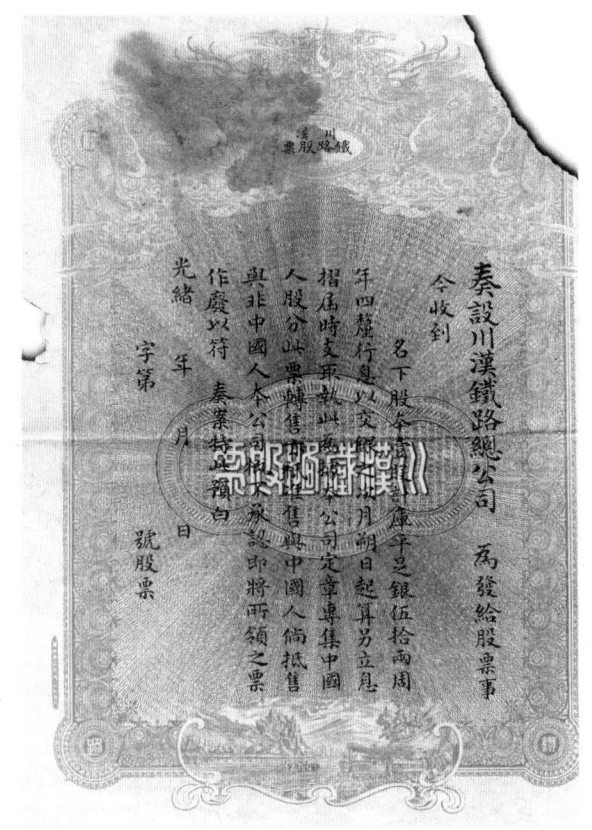

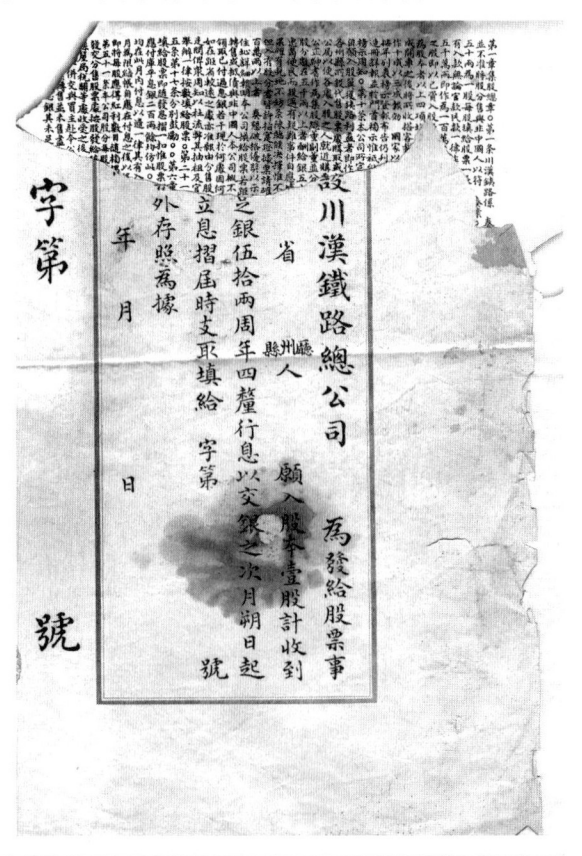

川汉铁路股票

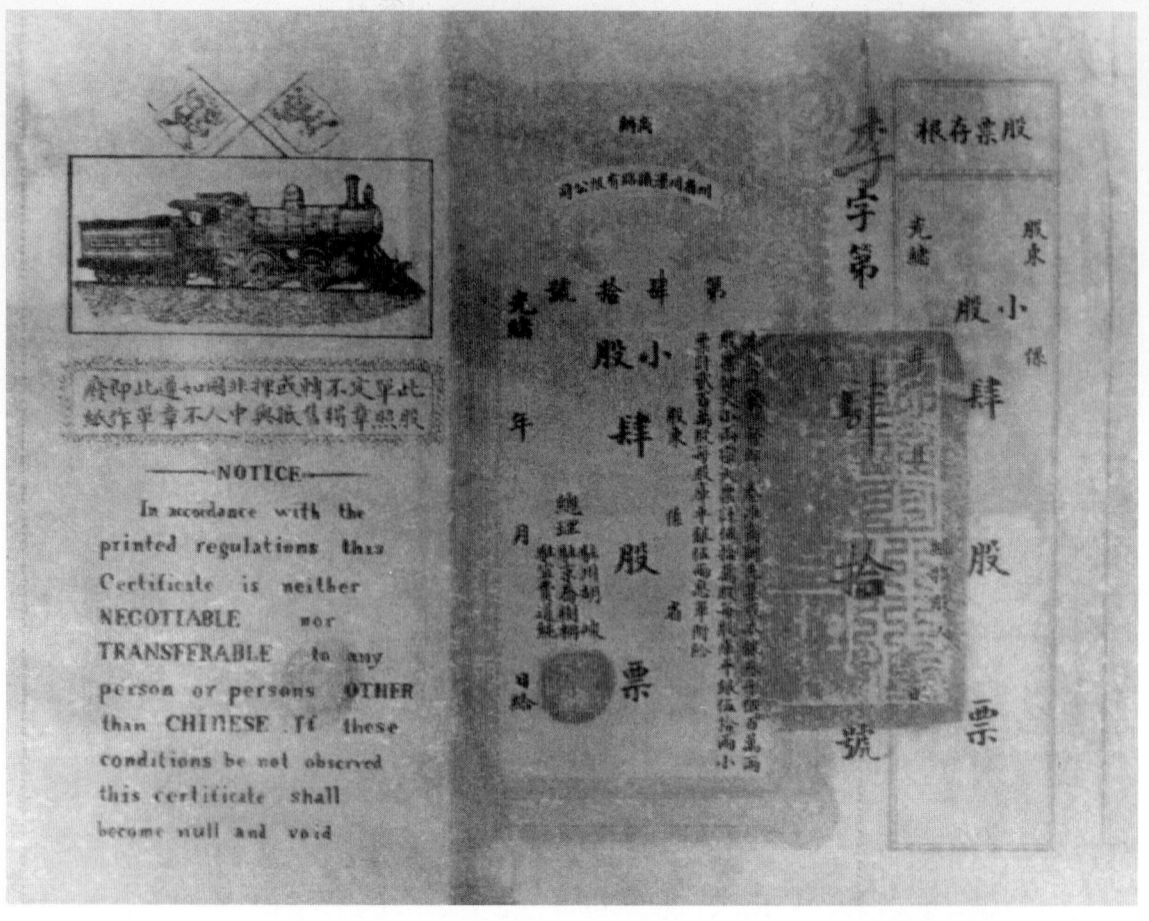

商办川省川汉铁路有限公司小股股票

巴黎达成对粤汉、川汉铁路借款的分赃"协议",并接二连三诏令清政府立即签订正式借款合同,其根本目的是让清政府先收路再卖路。在列强软硬兼施的压力下,清政府于1911年5月宣布川汉铁路权"由国家收回",并与四国银行团签订了借款合同,随即又规定,所收各项路款股金,一律不再归还。

因川汉铁路股本集资来源复杂,而"抽租之股"又成为主要来源,租股和其他股税的普遍抽收,大大加重了全川民众的负担。如重庆地方政府为多抽租股,大大降低了起征点,除租股外,还要抽收盐、茶、商股及其他名目繁多的抽收,"肩担背负之夫,亦不能免"。这样由官府强制抽收入股,截至1911年,就收到股金共计1 645万余两,使全川数千万民众"不论贫富,与民办铁路都发生了经济上的联系"。广大人民的血汗钱从此与股金息息相关。

而清政府在列强操纵下"卖国卖路",不退路款的行径,严重侵害了四川民众的切身利益,于是便有了风起云涌、悲壮惨烈的四川民众广泛参与的保路运动。在重庆,同盟会重庆支部牢牢掌握了保路运动的领导权,并将保路运动引向反帝反封建的民主革命,在随后爆发的辛亥革命运动中,为其在四川地区的领导地位奠定了基础。

民国前期的银圆、铜圆

汉字银圆

所谓汉字银圆,即四川军政府铸造发行的一套地方货币——"四川银币"系列,它的缘起及其主要图案设计,还得从重庆那段轰轰烈烈、如火如荼的辛亥革命运动说起。

1911年辛亥武昌起义,清王朝三百年江山顷刻间覆没。数月间,十数省先后宣布独立,地处长江上游的重庆,也很快成为了川东及整个四川革命活动的中心地。以杨庶堪、张培爵为首的革命党人加紧组织筹备武装起义,杨庶堪又令"同志之妻"富有创意地制作了一面锦缎起义大旗,中绣一大"汉"字,四周围绕有18星体,以象征我国18个行省。并与由成都抵渝的新军起义部队约定,11月22日,以通远门城楼上竖起"汉"字白旗为号,里应外合取城。是日,重庆起义一举成功,重庆蜀军政府成立,并通电全国重庆独立。义军及革命者纷纷上街游行,城内老百姓夹道欢呼,庆祝重庆光复。重庆城内,一面面"汉"字义旗家家悬挂,大街小巷满城飘扬。

重庆的独立,极大地推动了全川的革命运动。耀人眼目的"汉"字义旗不断在各县城楼上竖立起来,川东南50余县相继宣布独立,并接受重庆蜀军政府

蜀军政府成立合影

大汉四川军政府都督尹昌衡(左)副都督罗伦在汉字十八星旗前合影

领导。大清"宣统"年号被废除,"汉"字十八星旗成为新政权的标志旗。重庆的独立,"成都全城震动,军商学界各怀反正之心"。11月27日,成都宣布地方自治,12月,陆军部长尹昌衡诛杀赵尔丰,组成四川军政府,仍以汉字十八星旗为军政府旗帜。1912年3月,成渝两地军政府合并,由尹昌衡任正都督,张培爵任副都督。至此,四川归于统一。

其后,四川军政府接管原清政府成都造币厂并改名为四川造币厂。新厂随即废止大清银币钱模,以汉字十八星旗为主题图案设计了极具纪念意义的新款钱模式样,于1912年4月开始陆续铸行新币,这就是当时川内各地普行的"四川银币",习称"汉字大洋"。

1919年,重庆铜元局应重庆商会委托,始启用先进的英制设备,首次铸造了100万元渝版汉字大洋,并获得七八万元的余利。加工这批银圆,是由重庆各商号先将白银送银炉制成重百两的纯银条,再送厂铸币换回银圆。银条、银币均须严格化验成色。为保证质量,重庆商会会长温少鹤三天两头亲自去厂监督铸造,有残次品当即打上钢印回炉。故铜元局的首批银币成色足铸工精,能在全川流通。因有暗记,亦有称"挂须大洋"。

张培爵 曾与杨庶堪、熊克武等人组织"乙辛学社",以作为同盟会重庆支部的核心组织。辛亥革命爆发,参与发动重庆起义,被推为重庆蜀军政府都督,成渝两地政府合并,任四川军政府副都督。1915年春,被袁世凯特务机构密捕杀害。国民党中央执委会在沧白路为其修建"张培爵纪念碑"

军政府造四川银币二角 军政府造四川银币五角

成都铸四川军政府造四川银币一元 重庆铸军政府造四川银币一元

袁头大洋

袁头大洋又有"袁头币"、"袁大头"等俗称,为民国时期铸量最大、流通最广、人们最熟悉的银币。此银币正面上的肖像人物袁世凯,是清末民初一大政治风云人物。袁头大洋对民国时期的币制及商贸流通乃至人民日常生活都具重要影响。

袁世凯早年只是个浙江温州道地方小官,后在戊戌变法期间以告密而深得慈禧太后宠信,他又以重金开道巴结中枢大臣荣禄,扶摇升任直隶总督兼北洋大臣。袁由此获得李鸿章所属淮军20余年所积800万两存银,以及各省增发军饷几千万两的掌控支配权。宣统年间袁世凯一度被黜,至辛亥革命爆发,袁以清廷内阁总理大臣身份再度出山,一面威胁对付革命军,一面胁迫清帝退位。1912年窃取中华民国临时大总统职位。

民国以来币制混乱,前清各式银圆、外国银圆、各地方割据势力所铸银圆,成色重量各异,市价忽高忽低,一些钱庄、钱贩乘乱操纵投机从中牟利。鉴此,1914年,北洋政府颁布了《国币条例》,宣布以银圆为主币,铸行权归政府,并规定了银圆的成色、重量及辅币系列。同年即由天津造币总厂开铸,这就是后来颇受民商欢迎,可谓家喻户晓的袁头币。

民国三年版袁世凯头像一元银币

坐在临时大总统宝座上的袁世凯仍是人心不足蛇吞象，一心想要复辟帝制，过把皇帝瘾。他相信《周易》中"飞龙在天，利见大人"的卦象，为在1915年底龙袍加身登基，特铸了一款纪念金、银币，币面铸有双翅飞龙纹样及"中华帝国"、"洪宪纪元"字样。此前他接受了日本提出的旨在灭亡中国的"二十一条"，12月宣布改次年为"洪宪元年"。他这一出卖民族，复辟倒退的行径引起国人极大愤慨，于1916年3月被迫取消帝制，只做了百日皇帝梦。在举国讨袁声势中，于6月因抑郁忧惧病亡。

这在政治上遗臭万年，令人可悲可笑的袁世凯，其铸有他肖像的袁头币，却颇受民商欢迎，在全国各地畅行无阻，哪怕是穷乡僻壤。在当时重庆市场中，除"四川银币"外，袁头币则是市民最熟悉的主要银币。1927年北伐胜利后，国民党政府迁都南京，开铸有孙中山肖像的新银币，停铸袁头币，但铸量巨大且质量尚佳的袁头币仍与孙像币在市面同时平价流通，这或许是袁氏北洋政府在中国近代金融货币领域里做的一件好事。

袁世凯像

中华帝国洪宪纪念金币

民国九年版袁世凯头像一元银币

云南银圆

　　重庆市面流通的银圆,除汉字银圆、袁大头等主流银圆外,还有一些流通量不大的其他品种,云南银圆即是其中一种。云南银圆何以在重庆流通,还得从川滇等省讨袁护国战争说起。1915年,袁世凯在加紧复辟帝制的准备中,派北洋政府参谋部次长陈宧率三个旅入川接替胡景伊,总揽四川军政大权,以加强控制。经重庆赴成都上任时,留下了在重庆的第一支北洋军阀部队——李祥之旅镇守重庆。同年12月12日,登基心切的袁世凯终冒天下之大不韪,宣布于次年废除民国,改元洪宪,正式称帝。12月25日,蔡锷、唐继尧等率先通电讨袁,宣布云南独立,并成立护国军,护国战争由此爆发。滇、黔护国军兵分三路分别攻入叙府、永宁、綦江,进逼重庆,四川成为护国战争的主战场。时在云南的四川革命党人熊克武等随蔡锷护国军回川,沿途收编原川军第五师及其他旧部,组建护国军四川招讨军,与云南护国军协同战斗,熊任司令。迫于护国军的强大攻势及全国反袁大势,陈宧于1916年5月22日宣布四川独立,6月退离成都,7月,蔡锷任四川督军兼省长,护国战争胜利结束。大量云南银圆作为军饷随护国军入川流通,在重庆市场亦有流通,并成为那段历史风云的见证。

云南拥护共和纪念三钱六分银辅币正、背面

云南拥护共和纪念三钱六分银辅币正、背面

中山大圆

不同的银圆承载着不同的历史或文化。民国时期,重庆市场流通的银圆虽五花八门种类繁多,却也有若干种主流银币,如铸有孙中山肖像的中山大圆即是其中一种。

早在民国元年,便铸过正面为孙中山肖像的中华民国开国纪念币,但并未正式流通。1927年,北洋政府倒台,国民党政府迁都南京,再让那肥头大耳的袁世凯肖像币继续出炉到处晃悠,已为南京政府不能容忍。于是,便将民国元年的开国纪念币作了轻微改动,重新铸造发行,以宣扬和恢复孙中山先生的正统地位。1933年,南京政府宣布"废两改圆",强制传统银两退出流通,一切交易结算均用银圆。并由中央造币厂统一铸新版银币,该币正面为孙中山侧面像,背面图案为双帆船,故又称"船洋"。当时重庆市面流通的"孙币",主要为民国十六年版开国纪念币和民国二十二年、二十三年版船洋等几种。

孙中山像

中央造币厂外景

中华民国开国纪念一元银币正、背面

民国十六年版国民政府一元银币正、背面

民国十八年版孙中山像一元银币正、背面

民国二十三年版孙中山像一元银币正、背面

汉字铜圆

　　汉字铜圆即是依汉字大洋款式设计铸造,为民国时期重庆及川内各地使用最多,人民最为熟悉的铜圆之一。由四川造币厂和重庆铜元局分别铸造,故有"厂版"、"渝版"之称,均可全川流通。四川造币厂前身为清度支部成都造币分厂,于1912年开始铸汉字铜圆。重庆铜元局创建于1905年,时川督锡良以川汉铁路集股章程中有在重庆设局造铜圆,以余利作股本条文,令饬于川汉铁路股款中拨银200万两,由藩台沈秉坤主持筹建重庆铜元局。旋即在南岸苏家坝靠江地段购地200亩为局址,历时数年,建成厂房,购进英制和德制设备各一套,其中英制设备可兼铸银圆。两厂房于靠江台地相对峙,故有英厂、德厂之称。因原料问题及清政府裁减各省铸局,重庆铜元局建成后一直未正式投产,直到辛亥革命后的1913年才正式开工铸造铜圆。

　　民国以来,重庆铜元局先后隶属于北洋政府财政部、四川靖国各军总司令部、四川省政府、川东防务督办公署等。每次易主,新东家都将其视为唐僧肉、摇钱树。1920年至1926年间,在重庆就有省军、联军、黔军以及北洋系、皖系等各路军阀为争夺地盘,你来我往混战不已。一旦占据重庆,各大小军阀无不将铜元局视为天然提款机,不是自己兼任局长就是不断委派亲信充任局长,几年间如走马灯似上任局长便达十数人。1926年,黔军袁祖铭被逐出川,刘湘

"德淳制赠"纪念铜币,为杨德淳任重庆铜元局局长期间(1924—1926年)特制的馈赠币品

"方舟制赠"纪念铜币,刘湘部下王陵基(号方舟)任重庆卫戌司令兼重庆铜元局局长时,附庸风雅特制的馈赠币品

重庆铜元局安装英国机器的厂房,又称"英厂"

重庆铜元局铸钱设备——鳄鱼式剪刀机

进驻重庆，以师长王陵基任重庆卫戍司令并兼铜元局局长，委刘航琛为铜元局事务所所长管理局务。刘对铜元局的业务作了一些调整整顿，也一度有些成效。但因刘湘急于扩张势力，军需开支日趋膨胀，故而铜圆重量、成色等每况愈下，钱价也愈益跌落，最低曾跌至一个大洋可换取铜圆二万八千文。

民国时期重庆市场流通的汉字铜圆有当十文、二十文、五十文、一百文等规格。市场上铜价是以重量计算，而铸钱的面额增大，用铜量却不需要按倍数相应增加，铸大钱自然获利更为丰厚，当五十文铜钱面市后，十文、二十文铜钱便被收购熔化改铸大钱，当一百或两百文大钱出炉，五十文钱不久也就销声匿迹。由于钱的面额愈铸愈大，质量愈差，铜圆也就日趋贬值。民国初年，重庆地区一千

重庆铜元局铸钱设备——银币印花机

重庆铜元局铸钱设备——轧片机

二三百文铜圆可兑换一个大洋,到民国十四年,就要三千五至四千文才能兑换一个大洋。当时城乡广大劳动人民收入多以铜圆计算,日常生活用品也多以铜圆支付,铜圆价跌与小面额铜圆流出川省或熔化,或回收,对广大民众生活造成影响,俗话说"神仙打仗,百姓遭殃",真是不假。

49

民国元年四川铜币当制钱十文

民国元年四川铜币当制钱二十文

民国元年四川铜币当制钱五十文

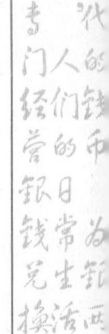

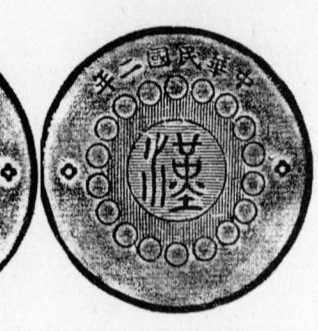

民国二年四川铜币当制钱一百文正、背面

民国三年杂版"汉"字铜圆

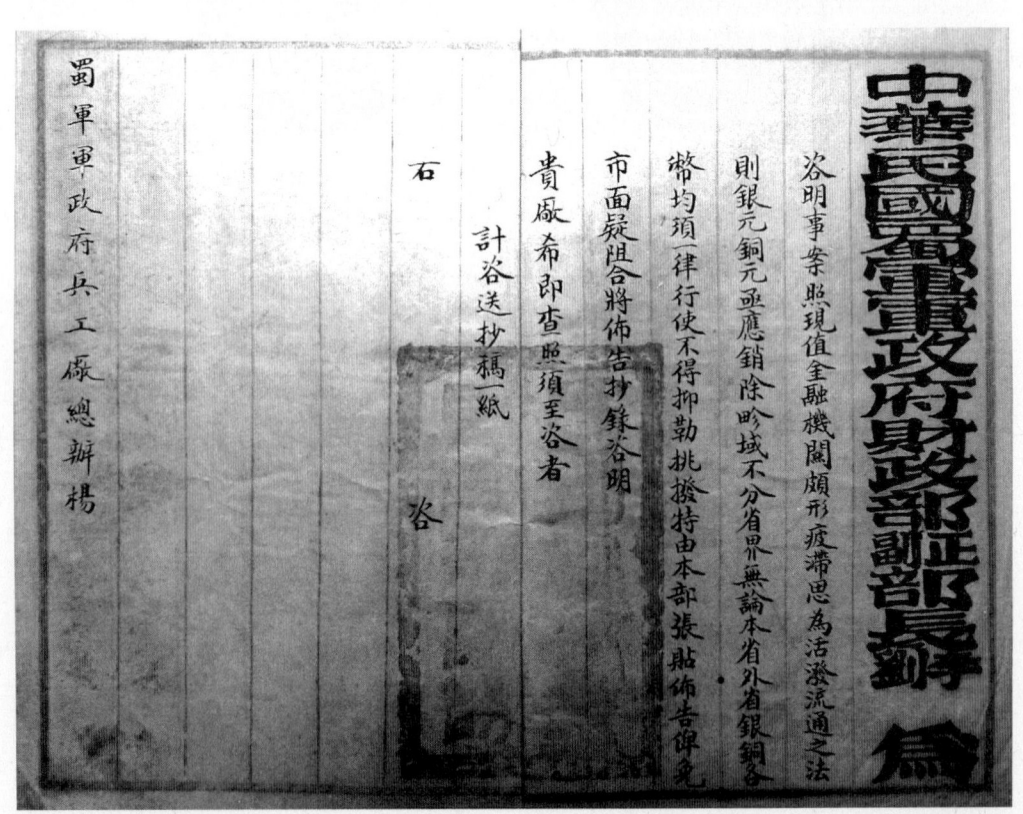

民国元年蜀军政府财政部咨文。重庆蜀军政府成立后,立即着手整顿金融,恢复生产和商贸,宣布:无论本省外省,银铜各币均须一律行使,不得抑勒挑拨

旗版铜圆

　　四川造币厂和重庆铜元局曾先后铸造一款当二百铜圆，在川内流通。该铜圆的币面设计为双旗图案，记录和反映了辛亥革命的理念和民国的建立而具有纪念意义，习称"旗版铜圆"。此铜圆正面图案有嘉禾图，是"取岁丰足民之义，垂劝农务本之规"；铜圆背面图案为两面交叉的五色旗，所谓五色旗，即以红、黄、蓝、白、黑五种颜色代表汉、满、蒙、回、藏五个民族，寓意以这五个民族为主体的多民族统一的民主共和国。这五色旗的创意，最早由江浙起义联军光复南京后，其都督程德全和宋教仁等提出创制。1912年1月中华民国成立，孙中山就职临时大总统时，将五色旗用作国旗，其后北洋军阀篡政，仍以此为国旗直至1927年。

民国二年四川造币厂造二百文铜币，
俗称"旗版铜圆"，又称"大二百"

川字铜圆

　　川字铜圆是继汉字铜圆、旗版铜圆之后，铸行的一种正面花心镌刻有一"川"字的新版铜圆，俗称"川花200文"、"川花100文"，此种铜圆有五十文、一百文、二百文三款，因款式及重量、大小区别于旧款铜圆，故又称"新二百"、"新一百"。它的出笼是当时四川地区军阀割据，扩充势力，军饷开支庞大，财政枯竭的产物。

　　1925年，四川军务督理杨森欲独霸四川，发动了"统一之战"。孰料在川黔联军的"倒杨战"中，来势汹汹的杨森却失利败北，保定系军阀邓锡侯、刘文辉等部进驻成都。邓锡侯随即接管了成都造币厂，并自兼厂长。当时市面多流通旗版二百文铜圆，为图厚利，邓锡侯采取缩小尺寸，减轻重量，降低成色的损招，新铸川字铜圆，虽有三种规格，实际上以二百文为主。此小二百铜圆上市流通，使铜币贬值更趋严重，遂遭社会各界指责，重庆商会更是强烈反对，在川东地区多拒绝使用。时因在拉拢黔军倒杨前，刘湘曾许愿给黔军袁祖铭部军饷40万元及若干枪支一事未兑现，袁祖铭一气之下，将驻守重庆的刘湘部的王陵基、鲜英等师逐出重庆，刘湘哪里咽得下这口气，转与欲东山再起的杨森

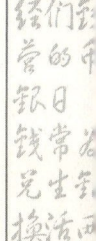

民国十五年川字当一百文　　　民国十五年川字当　　　民国十五年川字当二百文铜
　铜币，俗称"小一百"　　　五十文铜币正背面　　　　币，俗称"小二百"

拉关系，联合攻袁。邓锡侯趁刘湘由蓉返渝，与黔军开战之际，慷慨解囊赠予刘湘"开拔费"40万串，即他的"杰作"小二百铜圆。刘湘大军东下返渝，沿途一路强用此币无人敢拒。小二百铜圆流通区域扩展到川东及重庆。1926年5月，黔军袁部被逐出川，经綦江退回贵州，刘湘始独揽重庆军政大权。其后，重庆铜元局亦如法炮制，开铸川字二百文铜圆。

　　新二百比旧二百铜圆更为轻薄，成色更低，获利自然更为丰厚。由此也刺激了各路军阀铸钱的欲望，川内各师旅团部、豪绅乃至县署乡镇也纷纷购置手摇机具私铸川字二百文铜圆。有的甚至在湖北等地收购旧版十文、二十文铜圆，将其放入机器直接冲压成"100文"、"200文"铜圆，原有花纹图案尚可显现。为图暴利，铸钱者是无所不用其极，可害苦了百姓，害苦了商家。自新二百面市流通后，老一百、老二百铜圆复又外流或被回收销镕，再铸更多的新二百铜圆。一方面，市面几无小面值铜圆，日常交易找零发生困难，人们便将二百文铜圆截为两半或四片，分别当做一百文、五十文用，俗称"宰版"铜圆。另一方面，铜圆质量每况愈下，钱价日渐跌落，新二百铜圆面市后，其与银圆的比价，已至六千文才能兑换一个大洋。随着川字二百文铜圆愈铸愈滥，质量愈低劣，劣币驱净良币，到1935年前后的重庆市场，竟要二万六千文才能兑换一个大洋。

邓锡侯　曾任川军(国民革命军)二十八军军长，兼成都造币厂厂长，曾在重庆另设省长行署任四川省省长

川字铜圆

马兰钱

　　1918—1930年间，成渝两地铸币厂在铸造各式正规流通币外，还陆续铸造了多款独具特色的无面值铜币，这类铜币的图案多以马和兰花为币面的主题图案，故习称为"马兰钱"。

　　四川马兰钱最初是在特定的历史背景下以纪念币性质推出。1917年下半年，北洋军阀解散国会，孙中山从上海率舰队抵达广州，提出"拥护约法（《临时约法》），恢复国会"的主张，由此，一场声势浩大的护法运动在全国展开，重庆则成为四川护法运动的主战场。云南唐继尧率护国军进驻重庆，以滇、黔、川靖国联军总司令之职在渝主持召开三省联军会议，商讨下一步北伐行动。因获孙中山同意，唐继尧就任联军总司令，重庆铜元局为此特铸造了一款纪念铜币，该币正面梅花图案中心为唐继尧头像，背面铸一扬蹄回首的马，这即是马兰钱的雏形。后来，钱币正面是马，背面为兰花的构图设计，成为马兰钱的主流款式。此外也采用梅花、菊花等花卉图案及嘉禾图等。其构图美观、铸工精细，颇受民众的喜爱。在当时四川地区特定的金融货币环境中，这些具有纪念、鉴藏、馈赠用途的无面值花钱，亦进入流通领域作小面额铜圆使用。

　　在这类铜圆中，还有两款较为特别。一为醒狮币，该币正面为祥云托一球面，其上站立一雄狮，背面图案为交叉五色旗，上有"中华民国元年"字样。该币设计与邹容所著《革命军》一书精神相吻合，象征中国这只东方睡狮已苏醒站立起来。另一款为梅花党徽币，该币正面仍为扬蹄回首之骏马，背面图案外圈饰以苍劲俏丽的折枝梅花，内圈为国民党党徽。是重庆铜元局为庆祝北伐胜利，国民政府定都南京而铸的纪念币。

铸唐继尧头像铜币，为马兰钱的雏形　　　　　　　　　　　马兰钱

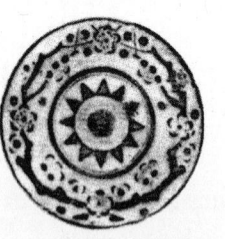

醒狮铜币　　　　　　　　　　马兰钱

庆北伐胜利的马兰钱　　　　　　　　马兰钱(十元)

马兰钱(一百元)

民国前期的官办银行纸币

大汉四川军政府军用银票

1911年11月，四川军界实力派人物尹昌衡率部平息清朝复辟势力挑起的成都兵变，改组四川军政府，并出任都督。因此前兵变，清藩库、浚川源银行等已被乱兵劫掠一空。面对严重的财政危机，遂决定在浚川源银行原址设立四川银行，以四川军政府名义发行"大汉四川军政府军用银票"。初拟发行300万元，并规定要一年之后方能兑现。1912年3月，成渝两地军政府合并，军政开支更趋紧张，只得不断加大军用票的发行额度，到年底军用票发行已达1 500万元。而尹昌衡离职率兵进藏，却将四川银行内军用票兑进的银圆悉数提走，原来一年后兑现的承诺落空，信誉扫地，致使军用票迅速贬值。

重庆时为四川省商贸中心，流入的军用票也较多。为避免市场混乱，重庆地区较早就限制其使用，即各种交易，一律按七成银三成票搭配使用，民商所受损失相对较轻。接任四川都督的胡文澜，撤废四川银行，恢复浚川源银行接

大汉四川军政府军用银票一元正面

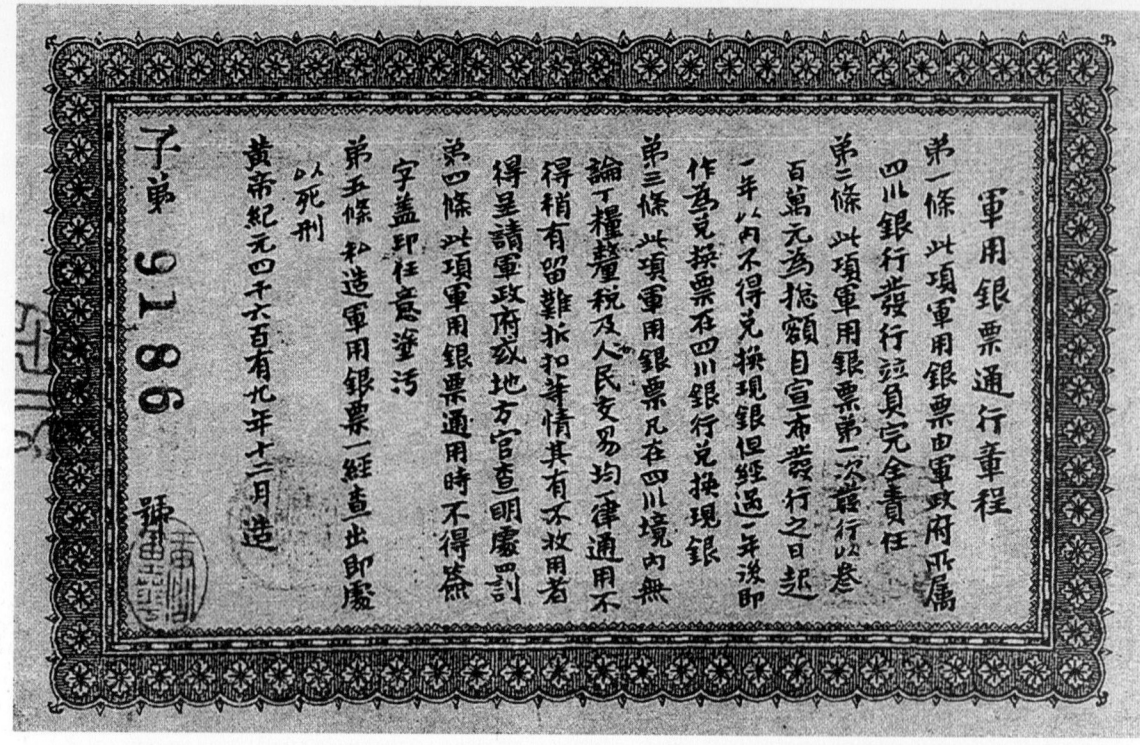

大汉四川军政府军用银票一元背面

办军用票，并试图维持军用票的信誉，一个拒用军用票的商人还被处以死刑。1915年，袁世凯心腹陈宧，携袁头现洋100万经重庆抵成都，出任四川巡按使。见军用票不断贬值，民怨沸腾，乃决定分批进行收兑。第一次采取盐税款搭收三成军用票办法收兑，并在重庆商会内邀请各界人士当众烧毁回收的军用票。在成都另设回收军票局办理收兑，其后共计回收1 400万元左右。1918年，熊克武入主川政，曾对剩余军用票作过调查，估计仍有100万左右散落民间，沦为废纸。

中国银行兑换券

辛亥革命后的四川军政府，因滥发军用票而致兑换无期，币值日落，商民生怨。1914年，川省财政厅电请财政部转饬中国银行来川开设分行，以设法回收军用票。次年1月，中行即来渝设立重庆分行，选址市区曹家巷，并在成都、泸县、万县、自流井等地设立分支机构，统归渝中行管辖。随后发行"中国银行兑换券"，简称"川中券"。初发行，因保证兑现，信誉尚佳。川督陈宧向渝中行借款400万元拟收销军用票，其间发生了袁世凯称帝，云南蔡锷率护国军入川讨袁，陈宧遂将借款转作军费应急，还先后强行提走渝中行库款180万元。

中国银行重庆分行原址

1916年5月12日，北京段祺瑞政府通令全国中、交两行发行的兑换券一律停止兑现，四川发生挤兑风潮。川省当局和渝中行鉴于"川中券"信用口碑不错，且全省的官俸军饷有赖于该券周转，决定继续予以兑现，并在重庆钱帮的支持下，平息了挤兑风潮。嗣后受中行总处督责，于6月3日，渝中行无奈宣布执行命令，停止兑现，川中券迅即贬值，最低跌至3.6折。

1919年，熊克武主持川政期间，以五折收兑川中券。因川中券在重庆流通数额巨大，重庆商会对此办法持有异议。熊克武复函说明理由，认为该券多已跌破五折，且有数百万元充塞市场，而今国家多事，若再延误，一旦发生变故，后果更难逆料。由此，重庆地区的收兑工作得以进行。1930年，渝中行应重庆商民的要求，重新发行兑换券300余万元，因其信用稳定，而成为当时川省主要纸币之一。

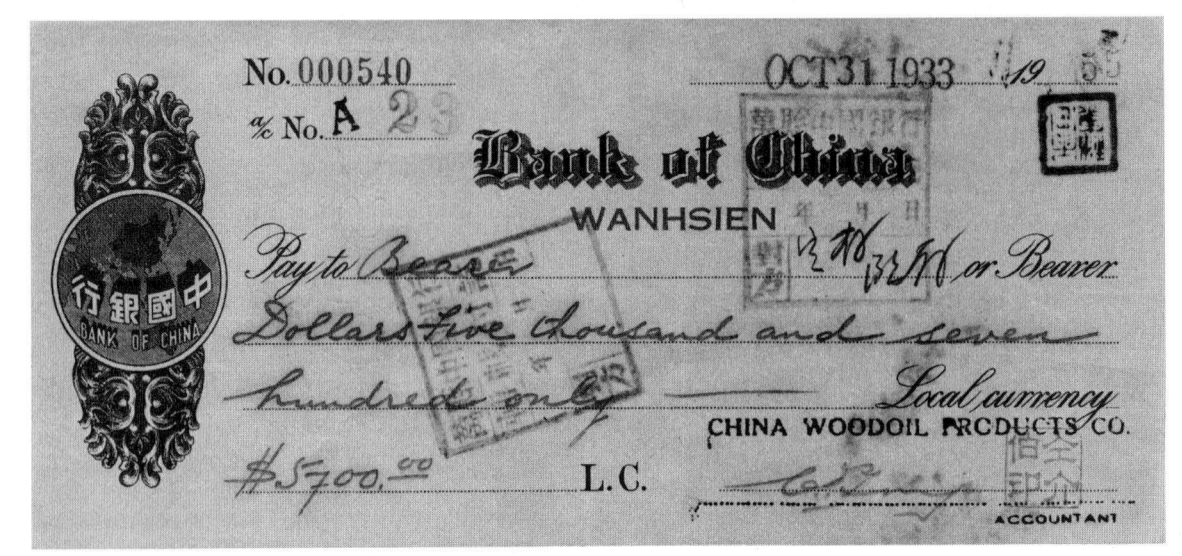

万县中国银行外汇支票

伍圓

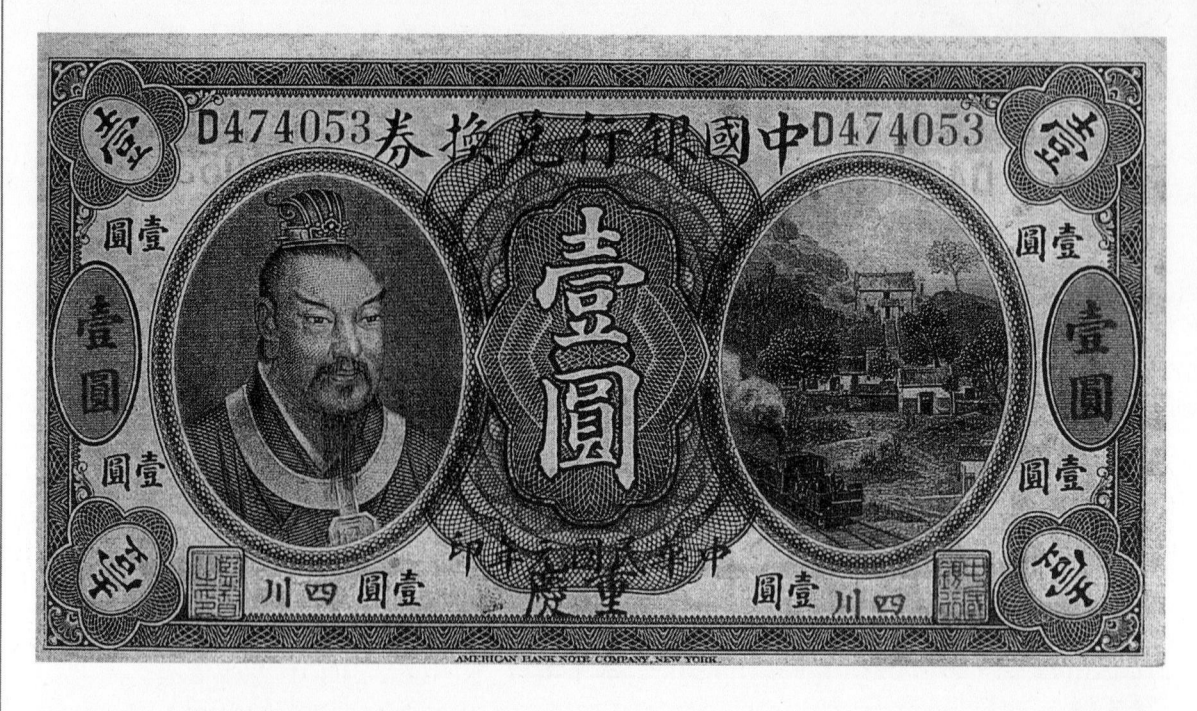

老钱票

清代人们的钱币为银两、荆钱和银元以及后来出现的银元并行流通。人们的日常生活以及商家的贸易往来所需市面上就有专门经营银钱兑换的小钱摊与钱铺。重庆开埠后，这些钱庄

加盖"四川重庆"中国银行兑换券一元

58

加盖"四川重庆"中国银行兑换券五元

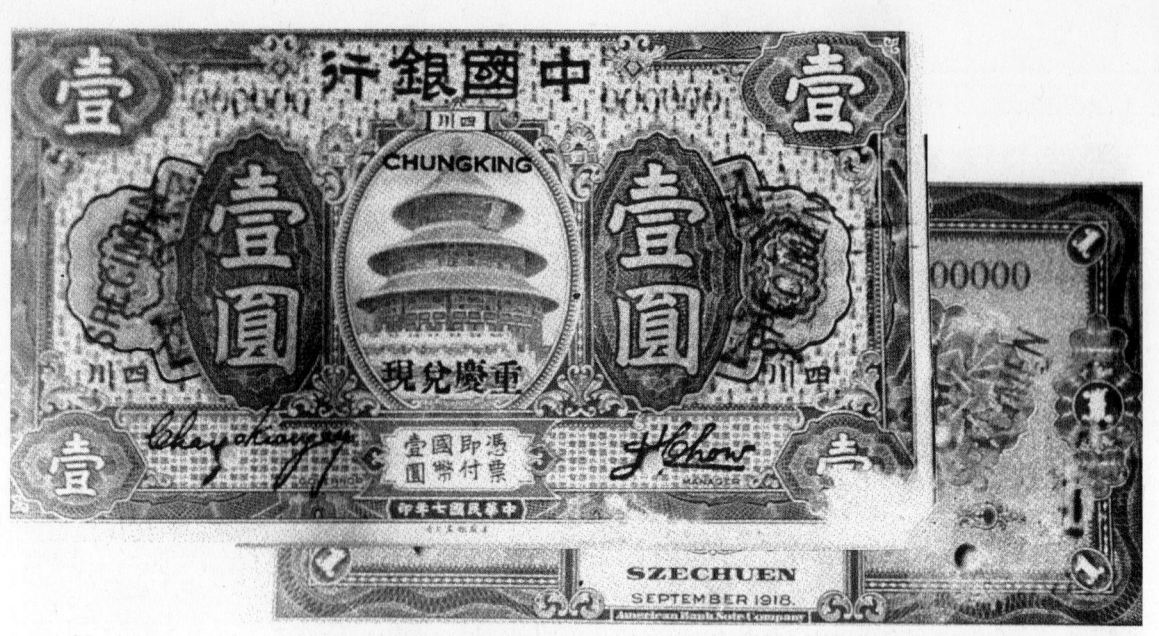

加盖"四川重庆兑现"中国银行一元兑换券

加盖"四川"中国银行兑换券十元

清代人们的钱币为银、铜钱和银元,四川亦不例外。银元出现后,来往贸易多以银元为主。重庆开埠后,这些钱票通过日常生活中的往来,专门经营银钱兑换的小钱摊与钱铺,以及商家的商帝就面世了。

伍圆 老钱票

60

云南中国银行兑换券

  1916年护国军入川讨袁时，云南中国银行兑换券便随军流入川内各地，民间称之为"滇中券"。尔后又在成都设立护国军中国银行，先后发出滇中券近200万元。当时重庆为黔军驻地，亦有滇军分驻在重庆下游区县，故在重庆市场上也有滇中券流通。因有护国军为靠山，又有截留的川省赋税为保证，滇中券的信誉超过其他纸币，一元滇中券能足抵一个大洋。

  护国战争结束后，滇、黔护国军并无离川之意，蔡锷赴日就医后，滇军总

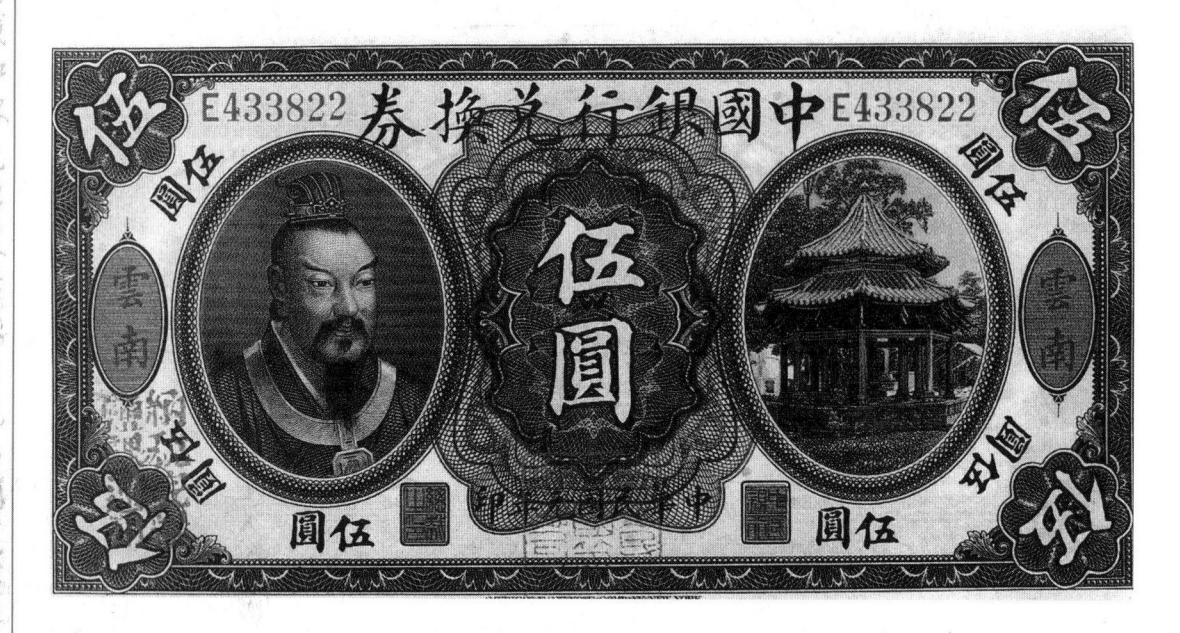

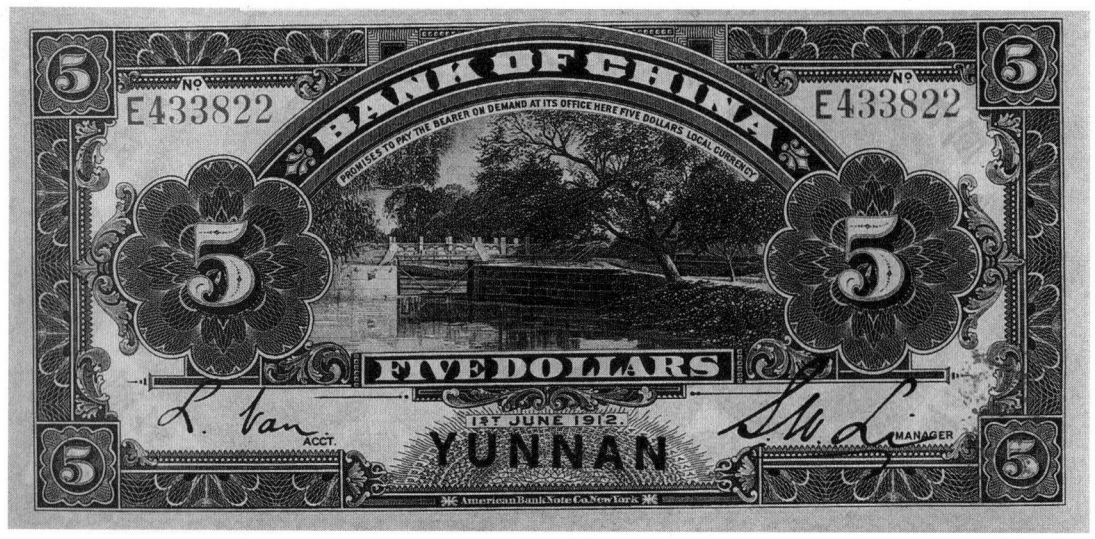

加盖"云南"中国银行兑换券五元

加盖"云南"中国银行兑换券十元

参谋长罗佩金、黔军总司令戴戡便分握四川军政大权。罗佩金擅提"盐款数百万元，不列为省库收入"，又将滇、黔军驻地粮税截留扩充军饷。四川省长戴戡第一次用政府公文，将"就地划饷"制度化。不久，各军阀之间为争夺地盘扩大利益开始兵戎相见，由此拉开了四川军阀混战的序幕。1917年4月，"刘罗"之战爆发，罗佩金的滇军兵分五路向川军刘存厚部进攻，在成都城内打了七天七夜。接着又发生"刘戴"之战，刘存厚的川军与戴戡之黔军激战十余日，戴戡败退于仁寿自尽。滇、黔两军被刘存厚逐走，护国军中国银行随之撤废，流通于川省各地的滇中券币值惨落，几为废纸。1919年，熊克武组织收兑川中券时，滇中券也是被收兑的纸币之一。

四川银行兑换券、重庆官银号兑换券

1923年的中国政局，形成直系军阀吴佩孚等掌控的北京政府与孙中山在广州组建的中华民国军政府南北对峙。同时，四川军阀也形成以熊克武、但懋辛、刘成勋等驻守成都的"省军"和受吴佩孚支持的刘湘、杨森、袁祖铭、北洋军赵荣华部等占据重庆的"联军"对垒的局面。

是年6月，孙中山任命熊克武为四川讨贼军总司令，旋即两军在隆昌迎祥街激战，联军败退，省军乘胜进围重庆。联军为紧急筹集军费，遂由杨森在重庆朝天观街设立四川银行，委任曾子唯为总经理，于6月间发行四川银行兑换券。该券初定发行100万元，因受到重庆商号的抵制，后只发行了80万元。在

讨贼军围困重庆之际，滇督唐继尧又想插手四川捞一把，乃派滇军12个团入川助熊。讨贼军势力大增，于10月一举攻入重庆，联军且战且退于梁山、万县一带。进入重庆城的讨贼军总指挥赖心辉以筹措军费为由，在重庆四川银行旧址另行设立重庆官银号，发行重庆官银号兑换券100万元，并强令重庆商民使用，四川银行兑换券遂成

杨森 国民政府最后一任重庆市市长兼重庆卫戍总司令。早年毕业于四川陆军速成学堂，曾任川军第二军军长。1921年任重庆商务督办期间，划江北为新商业区，并修建长江堤坝、码头等市政设施

民国十二年重庆官银号值当拾铜圆二枚

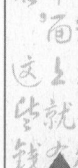

重庆官银号兑换券五元券正、背面

为无主之券。重庆官银号在发行银圆兑换券的同时，还附带发行了二十文、五十文和一百文的铜圆票12万串。为维持信用，曾日备重庆铜元局所出铜圆5000串，以作兑现之用。

讨贼军占据重庆后，未进一步穷追猛打，联军在万县获得喘息之机，在补充了吴佩孚提供的军饷械弹后，又发动反攻，于12月复占重庆。次年2月，联

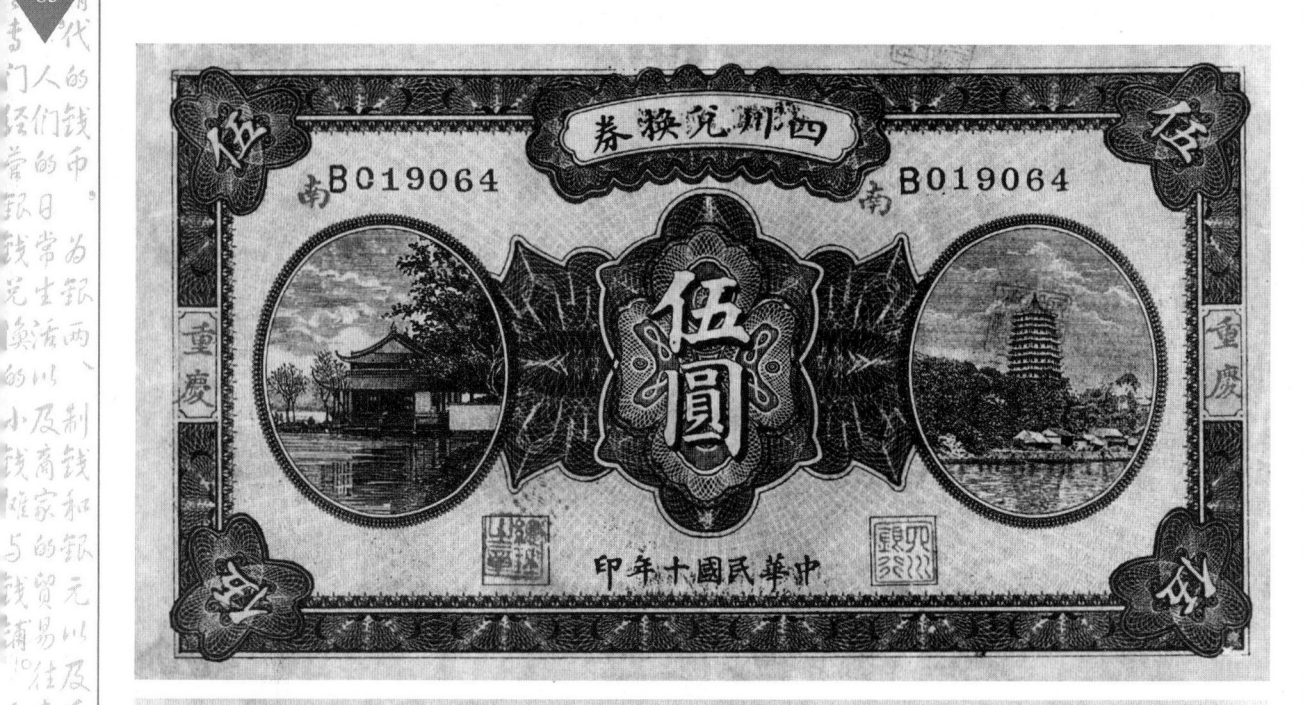

四川兑换券五元券正、背面

军攻下成都，讨贼军退出四川，杨森、刘湘、邓锡侯等受北洋政府封官晋级，皆大欢喜。成立才一月的重庆官银号宣告寿终，所发行的兑换券回收很少，绝大部分散落民间，分文不值。而铜圆票却因市面小面额铜圆稀少，铜圆票找补方便，仍可继续流通使用。之前所发行的四川银行兑换券，川省当局曾用公债收回40余万元，此后再无结果。

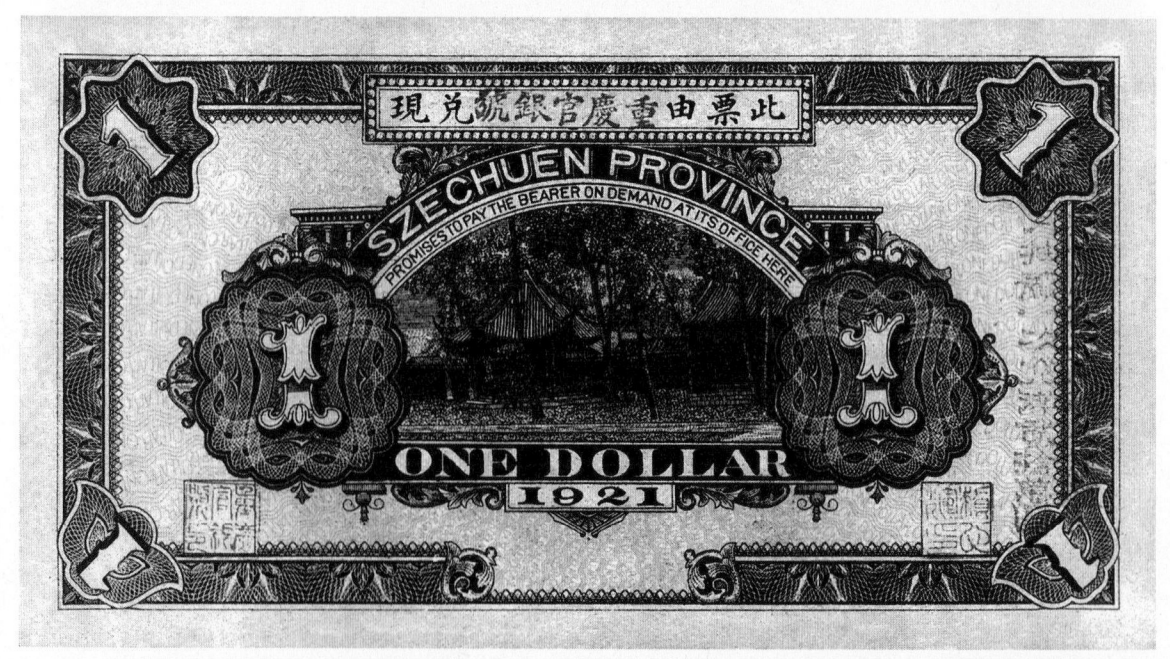

重庆官银号兑换券一元券正、背面

老钱票

清光绪人们的钱币形制以铜元及银元为主，铜元和银元是人们的日常生活以及商家的贸易往来所需。出现的钱庄开市面上就大量出现钱庄、钱铺专门经营银钱兑换的小钱摊与钱铺。重庆开埠后这些钱庄

66

有门经营银钱兑换的小钱庄与钱铺。重庆开埠后，这些钱铺一

古代的钱币，为银两、制钱和银元。以及后来出现的铜元并行流通。人们的日常生活中及商家的贸易往来所需市面上就有一

四川兑换券十元券

中和银行无息存票

中和银行系刘湘任川军第二军军长驻重庆时,由军政界人士与商界人士合资开办,并在成都、叙府、万县、汉口、上海等地设分支机构。第二军及川省总司令部军需出入款项,皆由该行代理。因省军与联军的战事,中和银行一度歇业。1926年,黔军被逐出川,刘湘杀回重庆,中和银行复业,遂发行中和银行无息存票,简称"中和券"。中和券面额分一元、五元和十元三种,共发行320万元。

开初数年,该券信誉尚可,一直都能兑现。后受重庆铜元局借垫巨款拖累,资金周转不灵,恰在此时又有人发现中和券有重号,此消息不胫而走,迅即引起挤兑风潮。追查结果出来,原为该行职员王鸿宾在派赴上海订印兑券时,买通印刷厂私自加印了数十万元,运回重庆后"潜行发用"混入流通。此券除号码相重外,正券与伪券之间并无区别,使用时亦无人细查,故行用多年无人查觉。挤兑事件发生后,刘湘要求重庆商会和银钱业予以支持,曾用少量银圆兑回部分中和券,次年春挤兑风潮一浪高过一浪,刘湘乃将王鸿宾枪毙,将该行经理孙树培收审,变卖孙氏全部家产兑收余券,以平息民愤。最后只好不分真伪,一律按七折回收,流通在外的中和券,殆至1932年收兑结束。

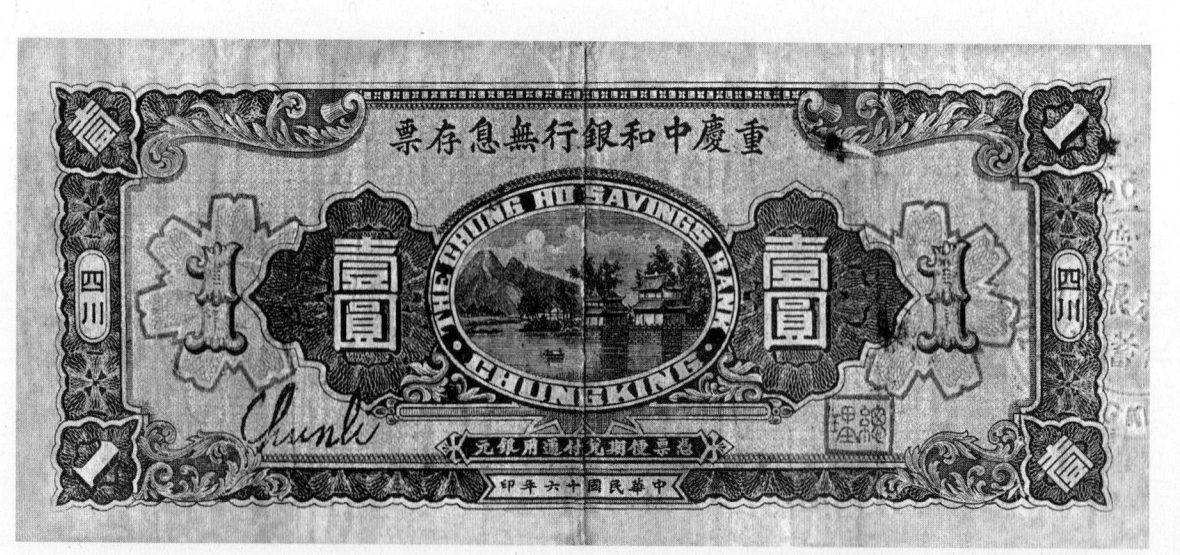

民国十六年重庆中和银行无息存票一元券

四川地方银行兑换券

  1932年至1933年间的"二刘大战",即四川军阀之间最大的也是最后一次战争,以刘文辉通电辞去四川省主席,率余部退踞西康,刘湘挥戈统一全川而告结束。一方面为应付历年战乱所造成的财政危机及金融混乱,另一方面,为继续扩充实力,巩固地盘,围剿红军,刘湘自然想到开银行发纸币这一捷径。1934年1月,以防区内田赋、公债收入中120万元为资本筹建的四川地方银行,在重庆陕西街正式开业。随着银行业务的开展,先后在成都、万县设立分行,在内江、达县、自流井、乐山、涪陵、上海等地设办事处,业务发展迅速。

  开业之初,拟发行50万元兑换券,面额为一元、五元和十元三种。为取信于社会,又令饬该行与中国、聚兴诚、美丰、川盐等9家银行联合组成"地钞"发行联合准备库,将地钞的发行业务移交该库接手。刘湘历年的欠账及军政开支日增,使该券发行量猛增,不久便高达900万元,到1935年初,该券发行数竟逾3 200万元。由于发行准备严重不足,市场流通过量,银圆短缺,每千元地钞兑换现洋,竟要补水六七十元。以前历次纸币贬值缩水的深刻教训,让人们有如惊弓之鸟,遂纷纷要求兑现,由此酿成比中和券更为严重的挤兑风潮,并多次发生挤兑商民因拥挤过甚被踩死、踩伤事件。

  是年3月,中央银行重庆分行成立,受命善后地钞事宜,9月开始正式按八折兑换中央银行兑换券。四川地方银行也改组更名为四川省银行。民国二十四年(1935年)出版的《全国金融年鉴》对该行作了这样的评述:"四川地方银行创立一年,虽因川局百孔千疮,一时难奏特效,但皆有相当成绩,尤以推进川省币制统一,搜罗杂板极伙,平衡汇水,全川皆沾其利。"

刘湘 民国时期在重庆发迹的川军总司令兼四川省省长。在他长期控制重庆期间,注重市政、文化建设,将重庆城区扩大一倍以上,创办了重庆大学,并以重庆为起点,修建成渝、川黔、川湘公路等

"军长刘湘"款国民革命军第二十一军短期公债券一元券

"督办刘湘"款四川善后督办署定期兑换券十元券

清代的钱币为银两、制钱和银元，以及后来出现的铜元并行。民国以后，由于人们的日常生活以及商家的贸易往来，两者均无法满足市面上就专门经营银钱兑换的小钱摊与钱铺。重庆开埠后，这些钱

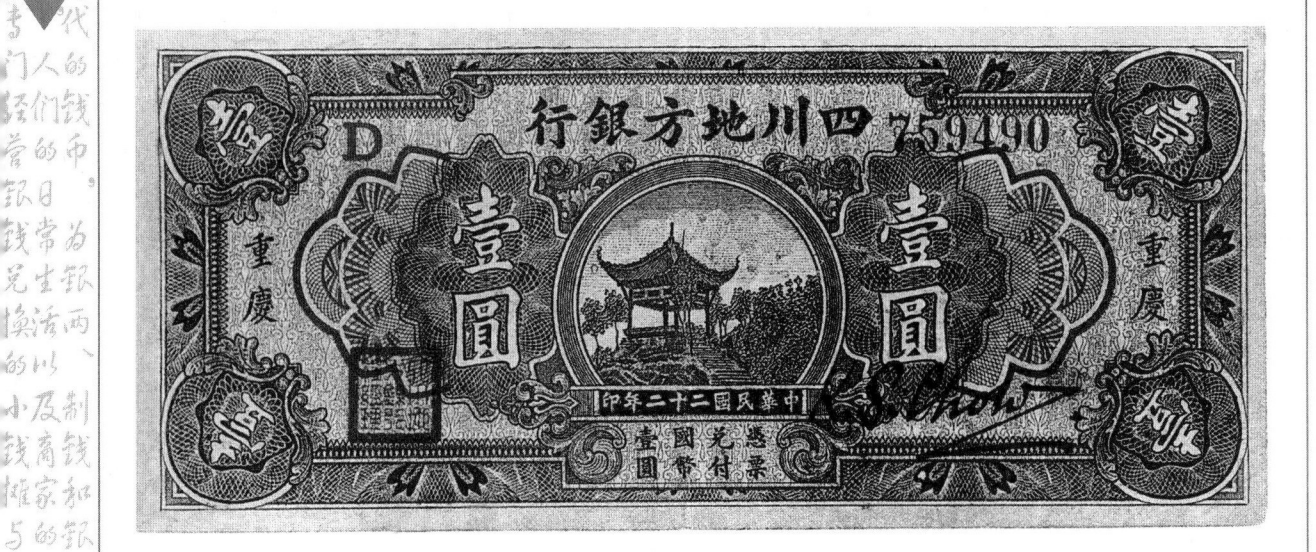

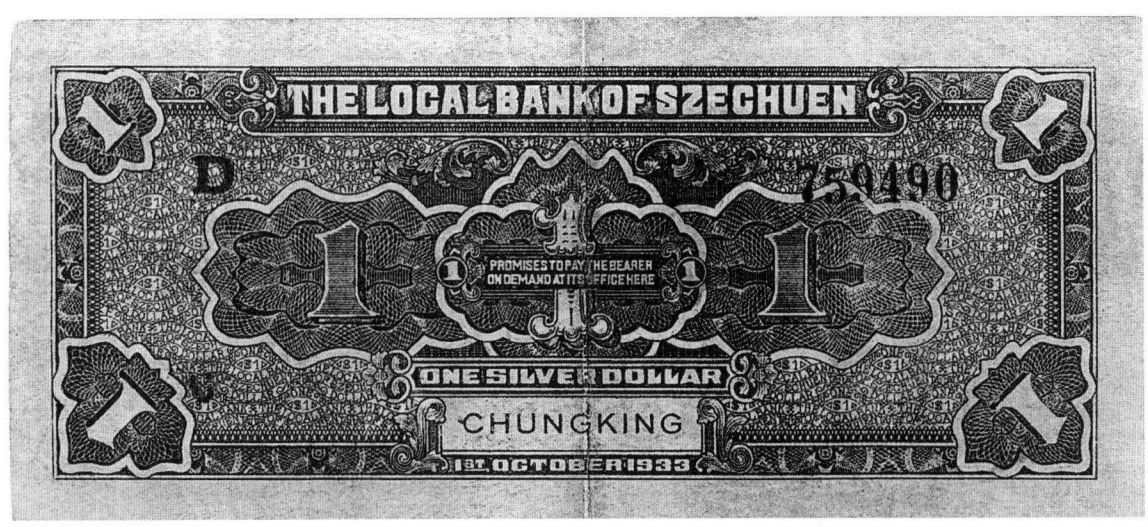

民国二十二年四川地方银行兑换券一元券正、背面

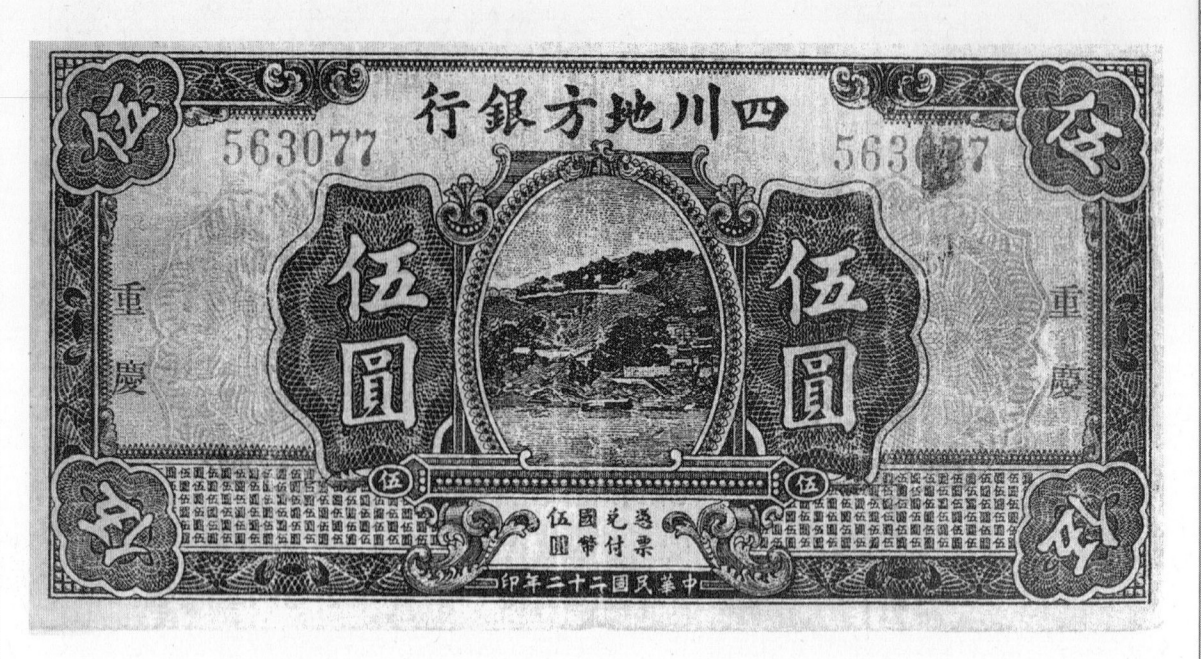

民国二十二年四川地方银行兑换券五元券正、背面

老钱票

清代的钱币为银两、制钱和银元。以后来出现的银元就开始通行。人们的日常生活以及商家的贸易往来所需,市面上就有了专门经营银钱兑换的小钱摊、钱铺。重庆开埠后,这些钱庄

73

民国二十二年四川地方银行兑换券十元券正、背面

四川省银行五角币背面

伍圆

老钱票

清代的铁币为银两、带钱和银元外出现的钱币。四川及后来出现的银元并未以川及商家的贸易往来所需,市"商主"重庆开埠后,这些钱庄通过人们的日常生活及专门经营银钱兑换的小钱摊与钱铺

代的钱币为银两、剖钱和银元.及后来出现的铜元并行流通.人们的日常生活及商家的贸易往来所需银钱兑换的小钱庄与钱浦亦重关开阜后,这些浅浦有

四川省银行

伍角 伍角

四川省银行

积拾兑法
成角付币壹
　　　圆

A3686670

劉航琛

中華民國廿五年印

伍角　伍角

老钱票

四川省银行五角币正面

重庆商业银行纸币

聚兴诚银行汇票

  聚兴诚银行是四川民族资本家创办的第一家商业银行，经数十年的发展，不仅执川帮银行之牛耳，且发展为名声卓著的全国性商业银行。早在清光绪年间，重庆商人杨文光经营的聚兴诚商号在川省内外已享有声誉，其分号广设于省内外的重要商业城市，并兼营票号业务。从父学商的杨粲三18岁便被派往上海分号坐庄。1908年，21岁的杨粲三被父召回重庆主持聚兴诚商号业务，便显示出不一般的经营能力。民国初，杨粲三之兄留日回国的杨希仲，仿日本三井家族财团模式欲创办银行，并通过关系，为商号揽到川北盐税代收代解和代购重庆铜元局铜料两大业务，业务规模迅速扩大，而当时的官办银行不办商业汇兑，杨粲三乃抓住机遇积极协助杨希仲筹集资金创办聚兴诚银行。1924年春，获北京政府批准，聚兴诚银行在重庆正式开业。

  银行开业初期，曾签发少量以银两为单位的庄票作现金使用。1923年，重庆市场现洋紧缺，聚兴诚银行应客户要求，始发行一种小额无息存单，当现金付给客户在市上作交收筹码，并受到普遍欢迎。1926年刘湘入驻重庆，知聚兴诚银行信誉颇佳，该无息存单又可缓解该区内现金短缺的困扰，遂极力支持聚

聚兴诚银行汇票

聚兴诚银行旧址

兴诚银行加大发行，并通令各县经收赋税时，该存单一律视同现金使用。其后聚兴诚银行在成都、万县、宜昌三地也增发这种无息存单。

　　在聚兴诚银行成立以来的10年间，正值四川军阀割据，战乱频频。银行的发展，一方面要靠地方军政势力的保护，而另一方面又避免不了军阀对其的摊派勒索。在此艰难环境中发展的聚兴诚银行，曾迁总行于汉口，然跑得了和尚跑不了庙，川内各分支行的派垫强征还是与日俱增，杨粲三又请来洋商为聚兴诚银行代理人，时日一久，军阀亦不买账，甚至动用武力强索。1923年，杨森向聚兴诚银行强派10万元，杨粲三亲自出马与之抗争，却被杨森抓捕威逼，最后还是拿钱了事。

1924年，杨粲三接任总经理，他深信其父"若要富，险中做"的商训，调巨资大做公债投机，由于预先探知了北洋政府财政部内情，首战告捷，获利40余万元。其后因时局变幻，判断失误，在江浙财团、北四行等债券买卖多次豪赌中接连败北。杨粲三遂决定将聚兴诚总行迁回重庆，重点发展西南业务。并改股份两合公司为股份有限公司，出让20万元股份吸引军政届人士刘航琛、甘典夔、卢作孚等入股，以换取各方力量的支持。抗战爆发后，国内各金融机构携巨资涌入重庆，业务竞争也空前激烈。此时的聚兴诚银行已有了较好的基础，业务发展蒸蒸日上，1941年，增资至1 000万元，实力更上一层楼。先后设立西南、华中、华东等管辖行。业务范围涉及汇兑（套汇）存放款、信托、投资、买卖金银、公债及外汇等，成为川帮银行的代表行。

四川美丰银行兑换券

1922年4月，重庆第一家中外合资银行四川美丰银行在新街口正式开业。开业以后，该行曾发行一元、五元两种兑换券，但影响不大，流通不广。1923年，以熊克武等为首的省军进攻重庆，与刘湘、杨森等的联军发生激战。在重庆的四川银行和重庆官银号先后发行的纸币，因受双方军队攻防进退的影响，币值猛跌又无法兑现，几成废纸。美丰银行乘机大造舆论，标榜该行有美国人撑腰，更利用当时人们的崇洋心理，吹嘘宣传某洋行失火，存放于保险柜中的美丰券，被烧为灰后号码仍可辨认，美丰行依然认账兑现。并承诺持美丰券兑换现洋无须补水，以抬高美丰券身价。此后，美丰券发行量是一路攀升。到1926年时，重庆市场上流通的各商业银行纸币

康心如像

四川美丰银行支票样本

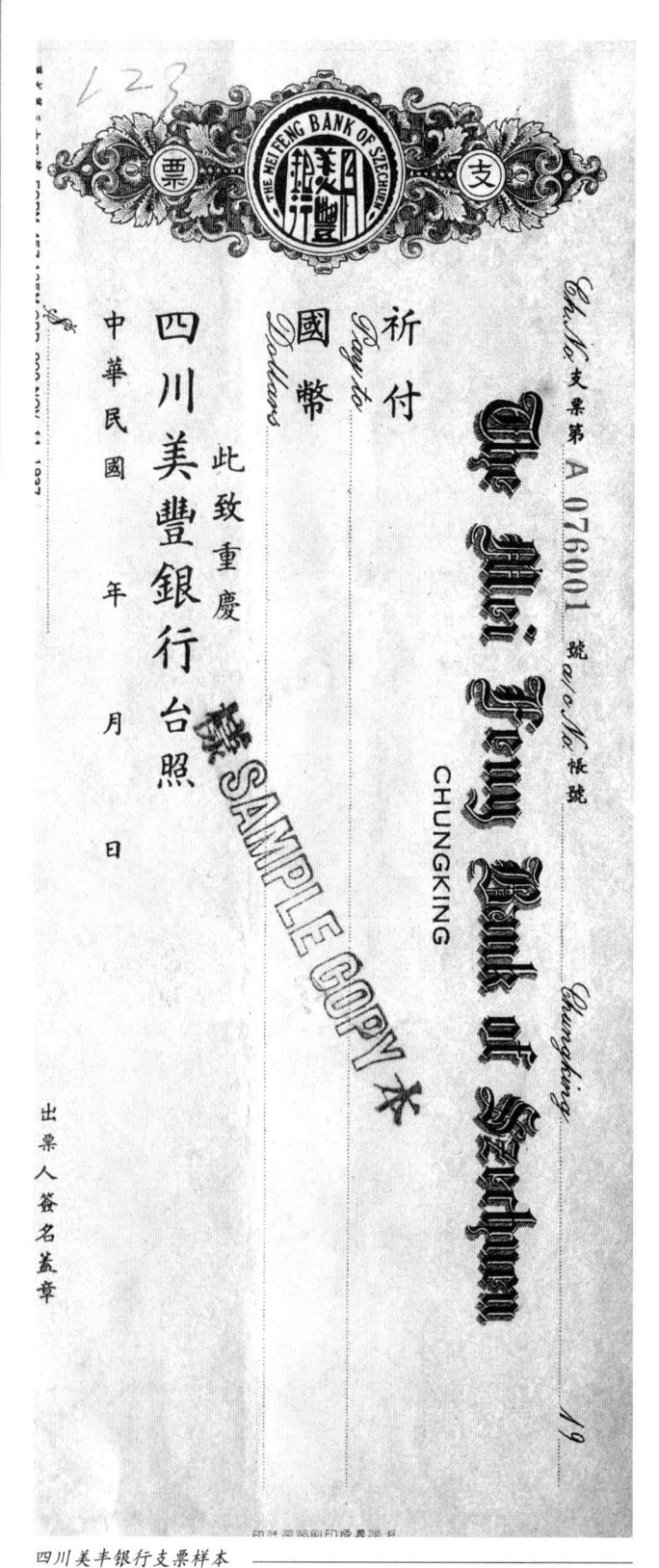

以美丰券为多。当时去云南、贵州贩运鸦片的商人，也多把银圆换成美丰券前往贩运烟土。1927年，第一次国内革命战争时期，四川反帝浪潮高涨，美方老板欲关闭该行撤资溜走。身为协理的康心如得知消息，紧急找到中方股东协调斡旋，最后促成由刘湘为首的重庆军界、金融界、商界头面人物出资买下美方股权，改组为中资银行。

美丰改为中资银行后，经过多年发展，成为实力雄厚的川帮五大银行之一，美丰的辉煌与其掌门人康心如的苦心经营和刘湘的鼎力扶持分不开。当初美丰银行开业时，场面可谓热闹非凡，而一年下来不仅没赚到钱，还发生亏损，洋经理虽换了几任，皆因不谙中国国情，水土不服，经营不见起色。后来还是采纳了康心如几点建议，便很快扭亏为盈，并连年获利。1927年，中资收购美股后，康心如被任为经理，刘湘以川康边务督办公署和四川军务善后督办公署的名义，联合发布公告为美丰撑腰，美丰券的发行量进一步扩大。1933年，康心如出任美丰总经理，成为美丰实权人物。其后他背靠刘湘，大展拳脚，如买卖各种债券，操纵申汇投机，垄断

四川美丰银行新大楼原址

鸦片统购生意等等屡获暴利。1934年，又新建美丰大楼以显示实力，并大量购置房地产，广泛投资实业。他还捐款为重庆南开中学修建图书馆，出资创办复旦中学。这时的康心如，已不再是当年借钱入股投资的小伙伴，而是在重庆响当当拥有百万资财的金融巨头，重庆银行公会主席。

1935年，中央银行重庆分行开业，其后实行法币改革，美丰券遂退出流通。但美丰仍得到国民政府的支持，各项业务进一步扩张，抗战胜利前夕，资本积累达到高峰，并成为美丰由盛而衰的转折点。抗战胜利后，美丰又陆续在汉口、南京、长沙、广州等地开设分行，准备再上台阶大干一场。孰料蒋介石发动全面内战，局势急转直下，致工商萧条，物价上涨，金融紊乱，美丰经营连遭重创。尤其是1948年，政府推出金圆券币改，同时发布《财政经济处分

81

有代的人们为银两、制钱和银元以及后来出现的铜元、银元的日常生活以及商家的贸易往来所需，就有专门经营银钱兑换的小钱摊与钱铺。重庆开埠后，这些钱铺一流

老钱票

THE MEIFENG BANK OF SZECHUEN
美丰银行

匯票

第＿＿＿＿＿號

憑票匯付

訂期匯至

此致

於

中華民國　年　月　日

驗兌

日無息交付

樣 SAMPLE COPY 本

具　　　　　整

單式第三十六號　通號 0331201
FORM 59-400M-ORD.1925-MAR.22,1940新

四川美丰银行汇票样本

令》，强制收兑民间持有的黄金、白银、外币。正在美国考察的康心如闻讯匆匆回国，一下飞机，财政部次长徐柏园即找其谈话，无奈之下，美丰所存黄金、外汇被迫悉数缴兑。共折合美金近100万元的黄金、外汇所兑来的金圆券，数月间便成为废纸。1949年，美丰经营的银圆、银圆券存、取、汇业务，因人民解放军进军大西南号角吹响，蒋介石政权倒台的大局已定，引发重庆挤兑风潮，美丰仅此业务又亏损银圆40多万。时任重庆市长的杨森，在溃逃前，又以退股为由，强索大量黄金带走，风雨飘摇中的美丰银行终在1950年4月自动宣告停业。

四川美丰银行旧址

四川美丰银行一元兑换券

重庆川盐银行汇票

重庆川盐银行原址

现存世界上最早的盐井——云阳盐厂白兔盐井

川盐银行为民国时期川帮五大银行之一，其前身重庆盐业银行因经营不善濒临倒闭，四川盐运使王瓒绪委派其属下吴受彤，负责盐业银行资产、负债的清理。受命于危难之中的吴受彤，积极协调各方，清欠增资，该行得以起死回生。1932年6月，经国民政府核准复业，并更名为重庆川盐银行，吴氏乃弃政从商，出任川盐董事长。吴受彤上任后，提出稳健经营，加大扶持盐业发展的经营方针，因其经营得法，川盐乃连年赢利。

吴受彤执掌川盐期间最为人称道的，即是创办盐运保险。当时川盐除运销省内各地外，还远销湖北、湖南、贵州等地，且多走水路。而川江的险滩恶水，不仅国内保险业界不敢接招，就连怡和、太古等外商实力保险公司也不敢问津，盐运保险成为发展川盐运销的瓶颈。吴受彤针对盐业水运保险特点，采取一系列措施，"寓保于防"开展保险业务，使沉船事故大为减少，而盐川银行获得可观收入。抗战以前，整个四川盐业的运销和保险，基本上由川盐银行经营。

吴受彤还有一大杰作，

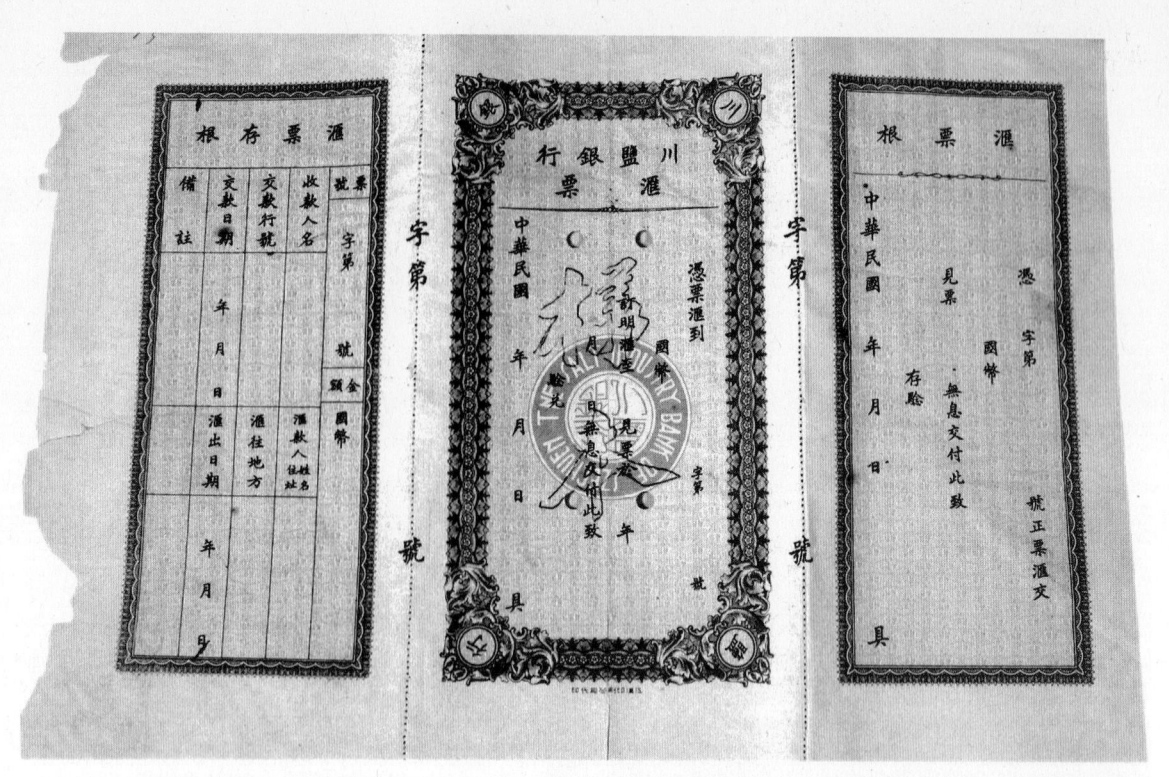

川盐银行汇票样本

便是投巨资修建川盐大楼。自美丰银行建新大楼后声名鹊起，信誉倍增，吴决意建一座超过美丰大楼的川盐大楼。经一年多的筹备、施工，一座钢筋混凝土的高层建筑在小什字附近的曹家巷拔地而起，青岛的花岗岩、上海的瓷砖将川盐大楼外墙内厅装扮得高贵华美富丽堂皇，在当时的重庆可算得上气派不凡的一流建筑了。在近完工时，吴受彤登上楼顶视察，为使川盐大楼高度超过一街之隔的美丰大楼，又临时决定在楼顶再加一层装饰性建筑。新大楼的落成及使用，为川盐银行增光不少，在经营上及社会影响力方面也带来了许多好处。

1937年，吴受彤病危期间，仍念念不忘川盐事业，竭力举荐刘航琛为继任人，说："刘航琛是个人才，办法多，各方面走得通，川盐董事长非刘莫属。"8月，吴受彤病故（年仅49岁）。次年，董事会改选，刘航琛顺利出任川盐银行董事长。这刘航琛是个人物不假，不过他能当上该职，也是早先下足了工夫。刘航琛为川康殖业银行董事长，1935年刘湘当上四川省主席，深得刘湘赏识的

川盐银行重庆总行新行落成全体董监职员纪念照

有代人的门经营银钱兑换的小钱摊与钱铺的日常生活以及商家的贸易往来所需的铜元早就有流钱铺一

老钱票

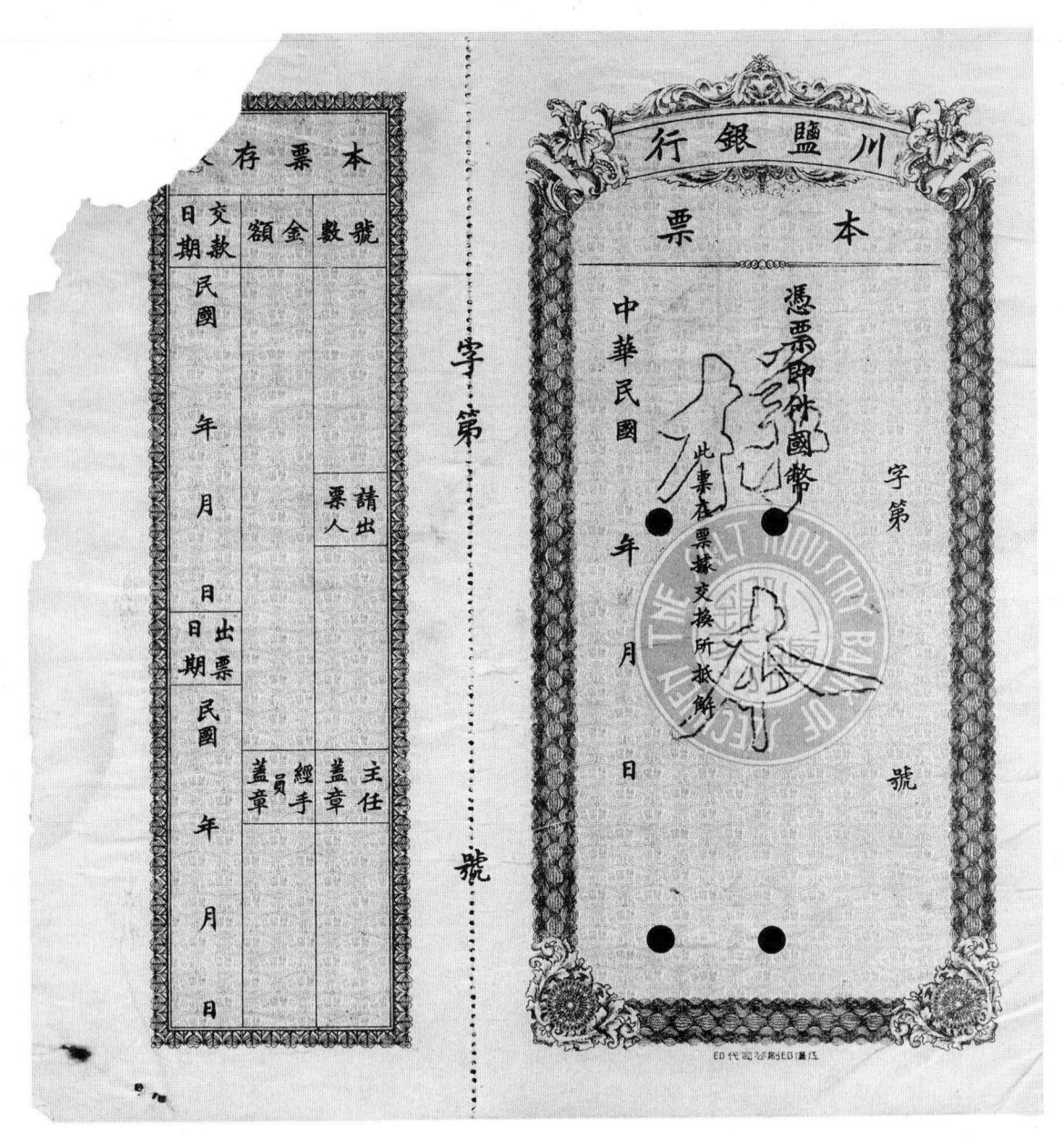

川盐银行本票样本

刘航琛又当上了省财政厅长。刘航琛为插手川盐，积极协助吴受彤投机印花烟酒库券，使其获得厚利，他又拉康心如、潘昌猷等支持吴当上重庆银行公会主席，以财政厅长身份出面协调各方，帮吴受彤度过利济财团期票危机。心存感激的吴受彤特意拉刘航琛入股成为川盐的董事，正中刘航琛下怀。

握有财政大权，凭借川康、川盐两行实力的刘航琛，更如虎添翼。在经营上他调集川盐大量资金买卖金银、债券，投资实业，行业涉及电力、自来水、水泥、木材、丝织、印刷、轮船、烟草、国货、旅游等工商企业，以及金融保险、新闻事业。如重庆、美丰、聚兴诚等几大银行、太平洋保险公司、《商务日报》、《新民报》等。刘航琛在各工商企事业单位担任的董事长、董事、总经理等头衔达70多个，拿他自己的话说："除了大粪生意没做外，其他的大概都做了。"这时的川盐已没了"盐味"。

1945年抗战胜利，刘航琛雄心勃勃地要将美国纽约作为经营前线，国内作为后方基地大干一场。他以川康、川盐为基础，联合了18家厂矿行号，设立"联合经济研究室"，拨出两万美金，搜集相关经济情报。然而，刘航琛的宏图大志，在蒋介石发动全面内战的炮声中化为泡影。经济环境日趋恶化，川盐经营也每况愈下。1949年，国民政府已是摇摇欲坠，面对金融动荡，市场混乱不堪，川盐投入实业的大量资金收不回来，负债累累，不能满足储户提存，而宣告歇业。刘航琛急从香港调回黄金400两及部分美钞解川盐燃眉之急。此险刚过，又遇银圆券币值跌落之劫，川盐此关难渡，遂二次关门。重庆解放后，市军管会组织川盐清理委员会，发现川盐负债巨大。刘航琛在临解放前夕，出逃香港后去台，终年78岁。

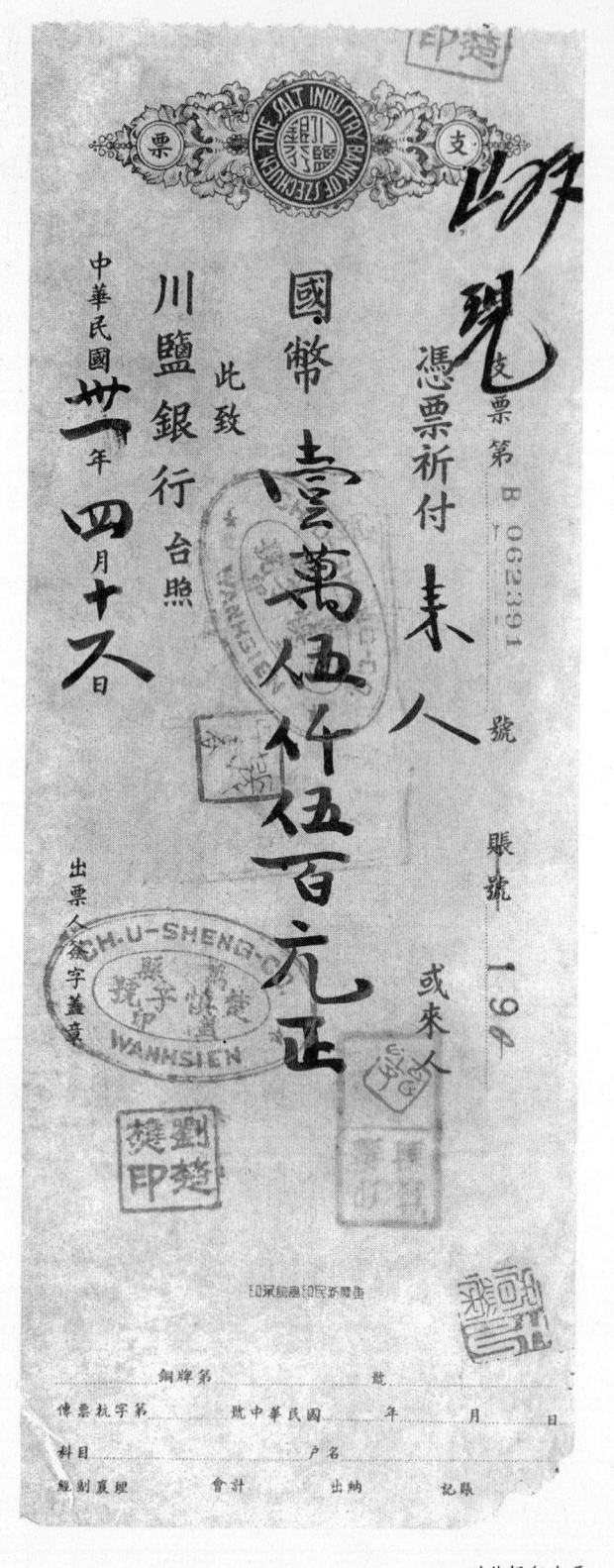

川盐银行支票

重庆市民银行（重庆银行）兑换券

1929年2月，重庆正式建市，刘湘委任潘文华为第一任市长。潘文华上台后，决定开辟新市区，派市商会主席温少鹤配合政府人员负责筹办重庆市民银行，以筹集市政建设经费。该银行由政府少量出资为官股，其余为商股，经财政部、实业部批准注册，于1931年在状元桥开业。

该行首届董事会主席为商股代表温少鹤，潘昌猷（潘文华之弟）代表官股任董事兼总经理主持业务。潘昌猷自幼家境贫寒，其兄潘文华考入陆军速成学堂后进入军界，家境渐裕。而潘昌猷却因此染上游手好闲，豪赌滥嫖的恶习。在其妻以死相劝及母亲的严厉训斥下，始浪子回头，立志要干一番大事业。在其兄关照下，当上重庆金库主任兼奖券所所长，之后又与人合伙开办了中孚钱庄，由此进入金融领域初次试水。

市民银行开业之初，由于资金短少，未能打开局面。于是由潘文华出面，从市盐业公会筹来12万高利资金，以低利放出，以此来争取商家扩大影响。潘昌猷又抓住市场只有铜圆铺币携带不便的机会，报请川康督办公署批准，发行一角、五角辅币券，受到市场欢迎。其后又发行一元、五元、十元兑换券，简称"市民券"，并扩大发行到川东南部分地区，市民券发行额最高时达130万元。此外，还在都邮街闹市区设立妇女储蓄部，首创招女行员来办理妇女储蓄。经过潘昌猷的苦心经营，银行业务有了起色，并连年赢利。特别是市民银行享有货币发行特权，是许多一般商业银行所羡慕的，这使得潘昌猷一炮走红，成

潘昌猷像　　　　　　　　　　重庆银行业同业公会大楼

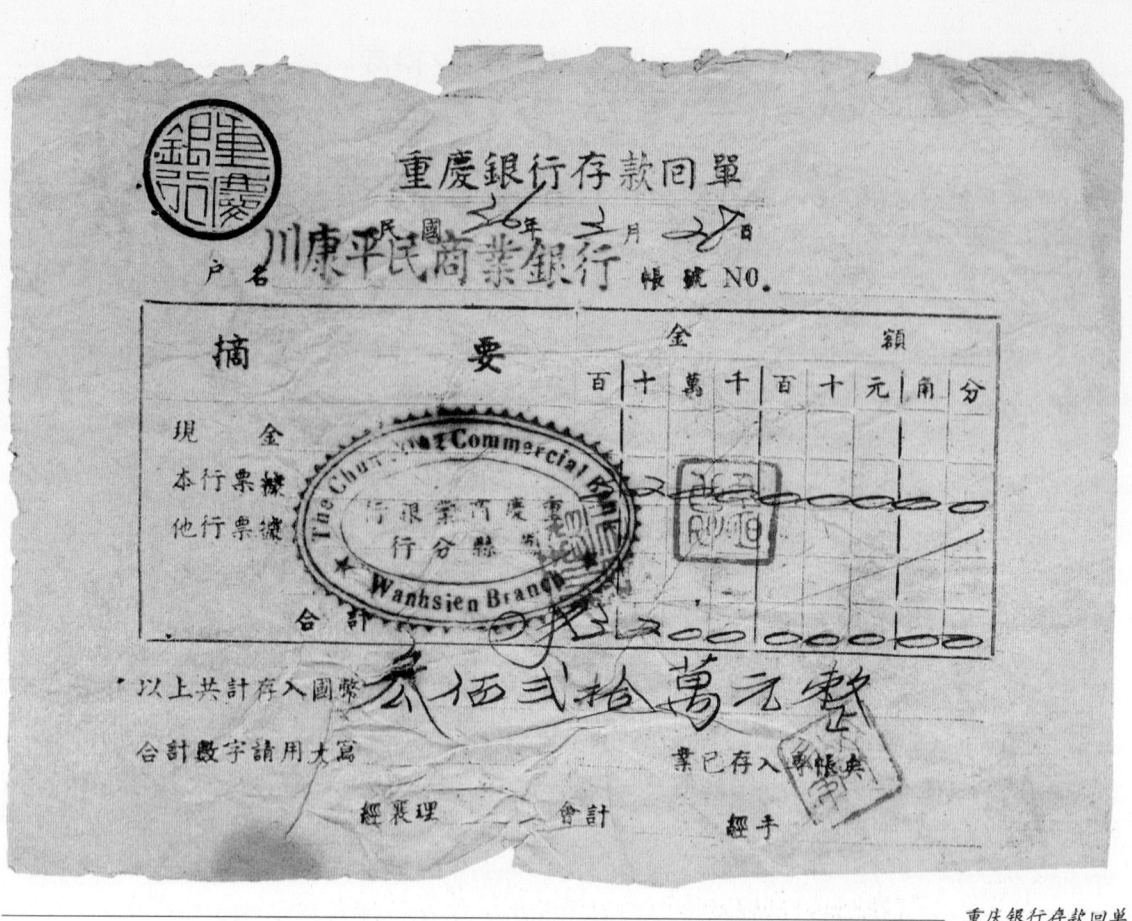

重庆银行存款回单

为重庆金融界的显赫人物。1934年，潘昌猷当选为重庆市银行公会主席，市商会主席。有人说潘能如此名利双收，是他财神供得高，重庆商帮有每年三月做财神会的习俗，银钱业亦从此俗，于农历三月在模范市场银行公会做财神会，潘都要亲手燃烛焚香，烧楮钱虔诚祭拜，祈祷财神爷保佑他财运亨通。

此时光环耀身的潘昌猷仍有一块心病挥之不去，他担忧其兄潘文华系驻防师长兼任市长，一旦调防市长易人，他自己的总经理宝座势必难保，日夜盘算如何将官商合办变为纯商股银行。1934年夏，万县市民银行发生挤兑风潮宣告倒闭，消息不胫而走，波及到重庆市民银行也发生挤兑。其实两者并无关系，唯有名字相同而已。潘昌猷乘机借此大做文章，放言市行信誉受损将难以立足，遂在其兄的疏通下，向市府申请，成功改组为商办银行，更名为"重庆银行"。

市民银行改组后，潘昌猷更独揽大权，使出怪招险招开辟新业务。例如他利用与其兄结为兄弟的行政院长孔祥熙的关系，套用交通银行、四川省银行等国家银行巨额长期借款，大规模投资实业，在法币不断贬值以及约定非常有利的还款条件下，借得越多，时间越长，获利越丰。到1948年，重庆银行先后投资的实业或事业单位达五六十个。涉及水电、交通、工矿资源、制造、金融证券、商贸、渔盐等行业，甚至还组建港记公司专营鸦片生意。如1942年，兼任

古代的钱币，为银两、制钱和银元。川及后来出现的铜元异行流通。专门人们的日常生活川及商家的贸易往来。重庆开埠后，这些钱铺经营银钱兑换的小钱摊与钱铺。

老钱票

重慶銀行

本票

憑票即付

國幣

右款限　月　日無息交付

此票限在中央銀行交換社初交換

中華民國　年　月　日

第 015800 號

$

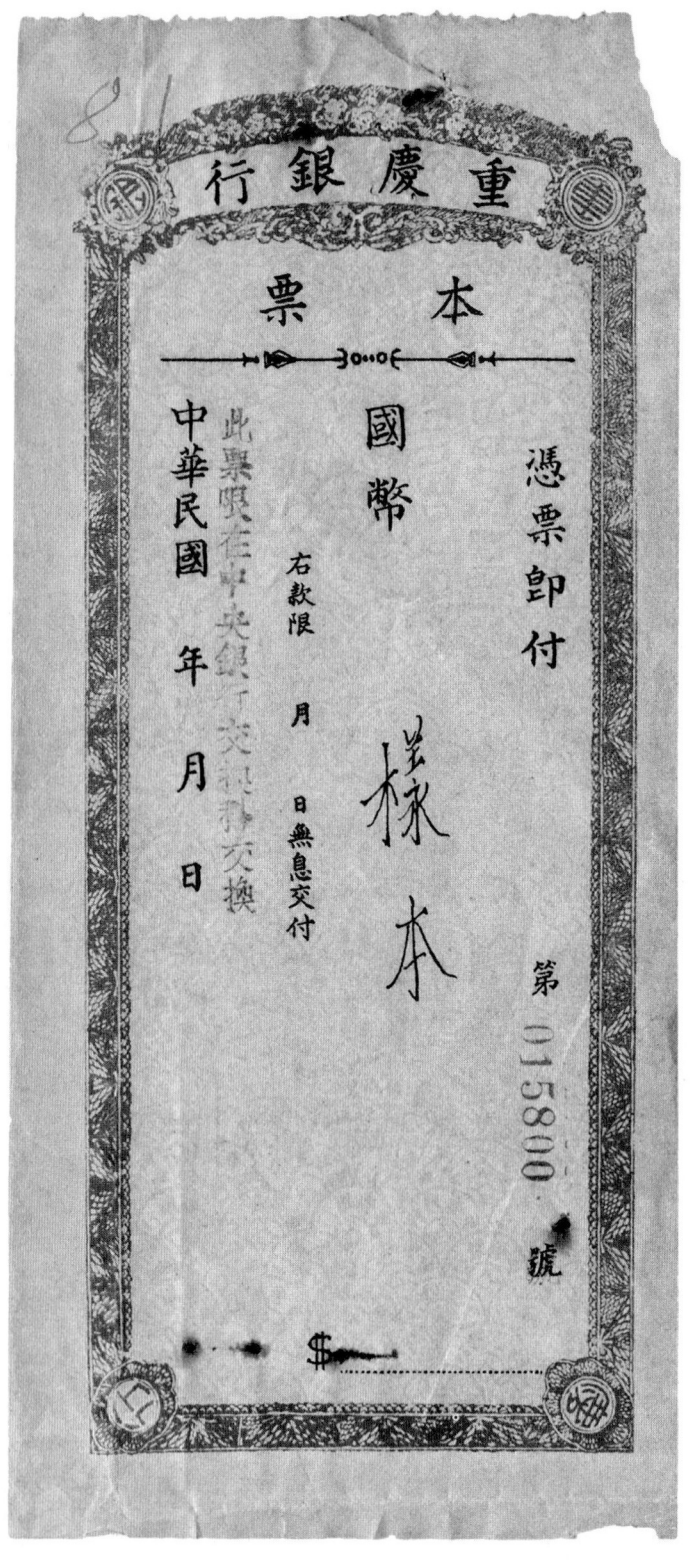

重庆银行本票样本

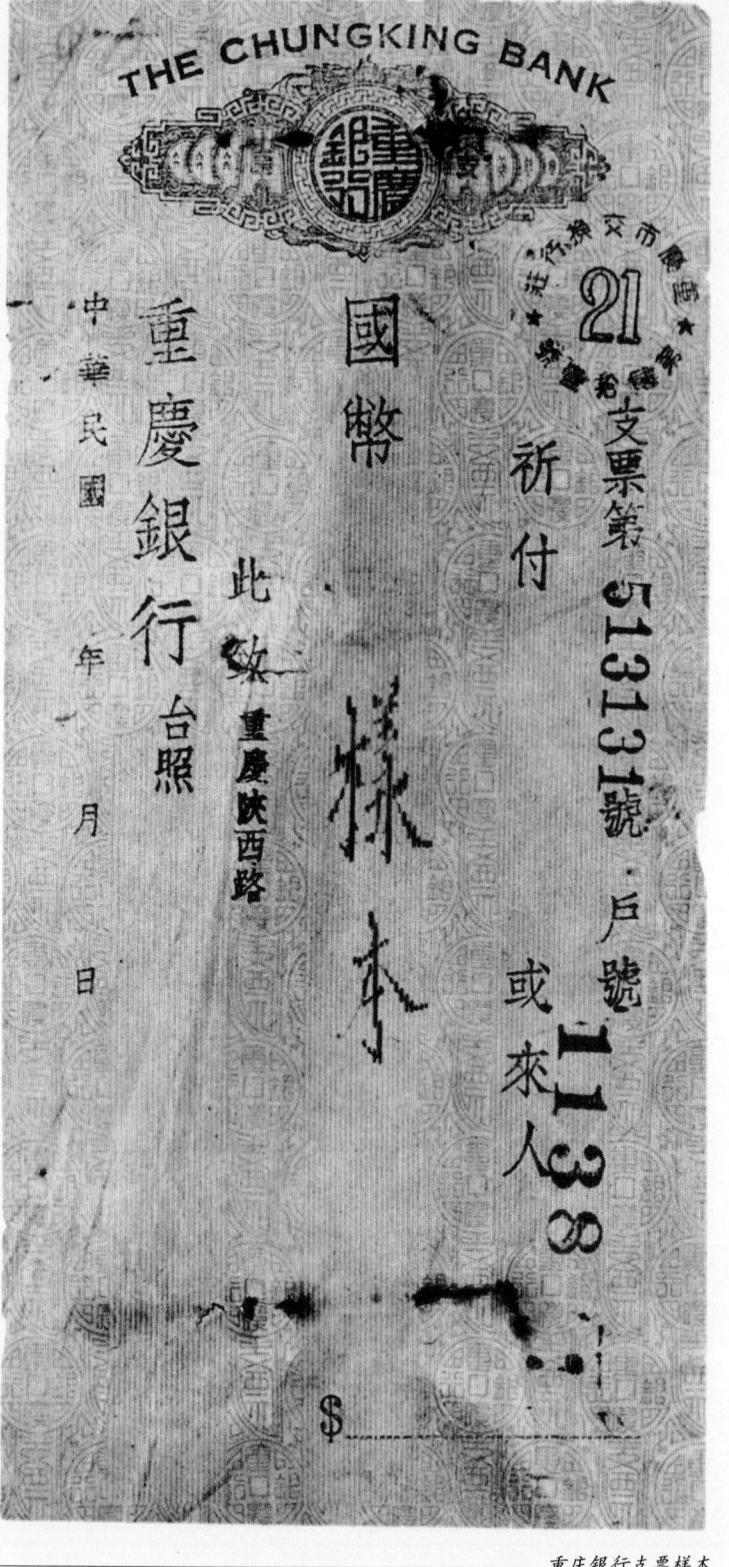

重庆银行支票样本

全国禁烟总监的蒋介石下令冻结烟商所有存货,当时仅重庆的官、商存土就有两千多担。潘昌猷通过孔祥熙斡旋解冻重庆烟土,又与杜月笙合作,将戴笠拉进来去游说蒋介石,借口在沦陷区组建武装特务,以出售烟土作经费,拿到蒋介石开禁的尚方宝剑。潘昌猷统收的重庆烟土外运,由军队护送,沿路畅行无阻,可见潘昌猷的商业头脑非同一般。

　　1945年,毛泽东到重庆谈判时,曾邀其参加桂园茶会。对张澜、李济琛组织的民主活动及中共四川地下党组织,潘昌猷也曾给予过经济资助。在全国临近解放前,潘逐步转移资金,离开重庆去香港,最终定居巴西。

民国二十三年(1934年)重庆银行五角纸币正面长江三峡夔门景观,即以本照片为蓝本设计

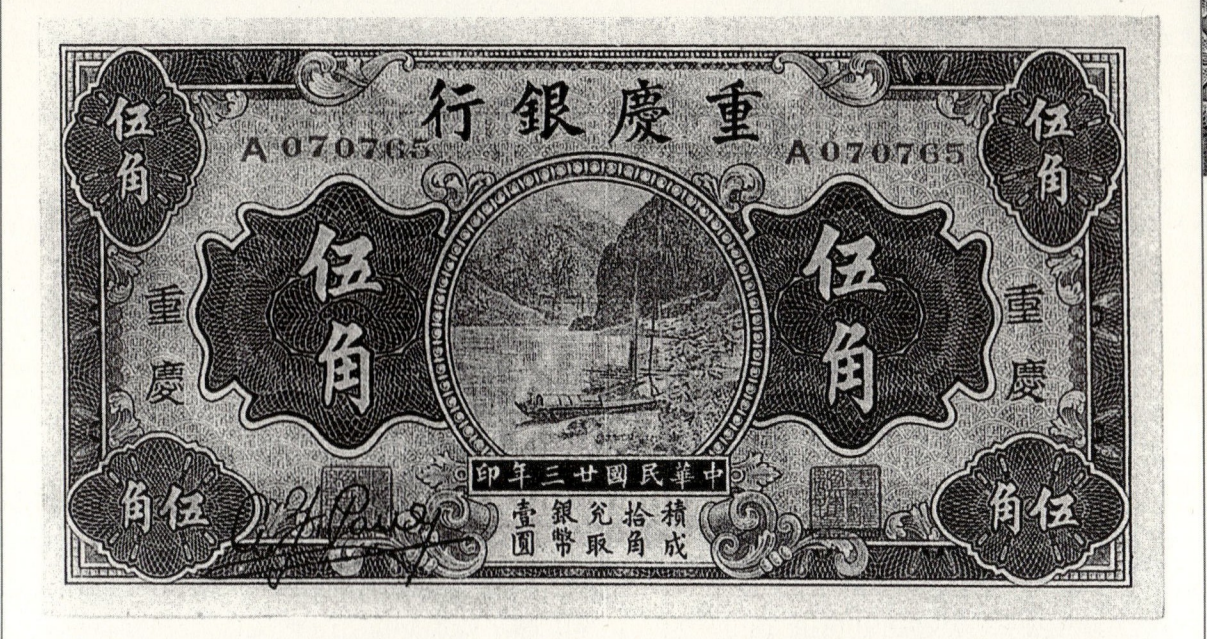

重庆银行五角兑换券

清代的钱币为银两、制钱和银元以及后来出现的铜元并行。人们的日常生活以及商家的贸易往来所需出现的钱币面值就大,重庆开埠后,这些钱票由专门经营银钱兑换的小钱摊与钱铺。

古代的钱币"为银两、制钱和银元以及后来出现的铜元并行流通。人们的日常生活以及商家的贸易往来所需,市面上就有一些钱庄专门经营银钱兑换的小钱庄与钱铺。重庆开埠后,遂兴起一些钱铺

老钱票

重庆平民银行儿童储金礼券

重庆市民银行五元兑换券

重庆官钱局兑换券

清代的钱币为银两、制钱和银元。以及后来出现的铜元以外,人们的日常生活以及商家的贸易往来所需市面上就流行过一些钱票,告示门经营银钱兑换的小钱摊与钱铺。重庆开埠后,这些钱

统一货币时期的国家银行纸币

法币

　　1934年前后,国际银价暴涨,导致我国白银大量外流,日趋严重的通货紧缩,使国内大批工商企业相继倒闭。1935年,国民政府以紧急法令的形式推出法币,主要在于取消银本位币制,流通纸币,以缓解"白银风潮"引起的经济危机,这也符合世界币制发展潮流。同时统一货币发行权,是一种历史的进步,客观上为抗日战争提供了金融财政支持。然而在法币后期,国民党政权肆意滥发纸币,法币走上恶性通胀不归路,终至崩溃。

　　法币推出之初,规定以中央、中国、交通三银行发行的钞票为法币(后加入中国农民银行),凡此四行之外,曾由财政部核准的,国内各银行所发钞票则限期收兑,一切公私款项流通均以法币为限,严禁使用银圆、银两,凡社会各公私单位、个人所持银币、生银等一律交由指定银行兑换法币。1937年抗战爆发,为应对时局,设立中央银行、中国银行、交通银行、农民银行四行联合办事处于上海,次年,"四联总处"迁来重庆。1939年设总处理事会为最高金融决策机构,蒋介石亲自任理事会主席,央行总裁孔祥熙任副主席。四大国家银行总行也先后迁移重庆。1942年蒋介石发布"加强统制四行"手令,是年7月起,法币发行收归央行独家办理,其他三行法币准备金悉数交央行接收。至此完成了中央银行的绝对金融垄断地位。

　　法币实行初期,对恢复社会生产,稳定金融发挥了作用,不过官方当局也借此捞了一大笔真金白银,同时,这种不兑换纸币,也为其后央行超量发行纸币,愈演愈烈的通货膨胀埋下了伏笔。当然,在抗战期间的通货膨胀,最主要因素还是与战时生产遭到破坏,大片国

中央银行北碚办事处

得所先生

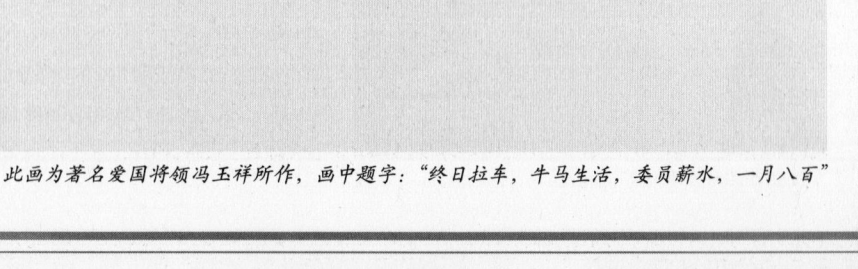

馮玉祥

終日拉車
牛馬生活
委員薪水
一月八百

此画为著名爱国将领冯玉祥所作，画中题字："终日拉车，牛马生活，委员薪水，一月八百"

土沦丧,财政收入急转直下,而军费支出巨大直接相关。特别是1941年12月,日军偷袭珍珠港,太平洋战争爆发,日军先后占领广州、香港、缅甸等地,切断我国与各国的海陆通道与贸易往来,并发动湘、桂、黔战役,动用数千架次飞机对"陪都"重庆进行狂轰滥炸,对以重庆为中心的大后方,实行了最严厉的经济封锁。

面对严峻形势,民国当局也只有超量发行法币,硬着头皮做这无本生意,陷入发币、通胀、再发币的恶性循环,给人民生活带来深重灾难。如1937年,重庆产业工人的月均收入约为24元,一般职工月均收入约20元,到1945年分别涨至14 000余元和26 000余元,二者相加,平均涨幅为900多倍,同期,教师、公务员等的涨幅更低,而重庆同期物价指数上涨已达1 585倍。可见人民的实际生活水平在不断下降。特别是一些低收入人群的生计更为艰难,如一个印刷业的杂工(1943年底)月收入约为790元,交通组的肩舆业,即今日的"棒棒"也不过900余元,与某些较高收入行业或工种的收入相差六七倍之多。

抗战胜利后,各地物价一度迅速下跌,法币信用有所提高,仅两个月时间,重庆物价指数便由1 585倍下降到1 184倍,重庆黄金黑市价便从每两199 075元跌至66 700余元,重庆美元价格由一美元合法币2 800余元跌至960余元。这些都为缓解严重通货膨胀,整顿金融秩序,稳定物价,改善人民生活提供了有利条件。然而,八年抗战的胜利,并未给人民带来新的希望,蒋介石逆历史潮流发动全面内战,为解决庞大的军费开支,更变本加厉地实行恶性通胀政策,开足马力印钞票。五千元、一万元大额钞票相继出笼,进一步刺激物价狂涨,到1946年底,重庆黄金黑市价格已飙升至每两925万元。

物价只涨不跌,市民嘲为"涨风吹不尽,物价时时升"。中国历来是民以食为天,这里以米价狂涨行情为例:1946年4月,重庆市场大米每石1.7万元,1947年

中央银行原址

6月涨至22万元，1948年3月，已涨至200万元。6月，米价一日数涨，16日早市价格已达600万元的惊人价格，而到傍晚，则涨到了850万—1 200万元。1949年3月，重庆米价每石涨至金圆券1.2万元，折合法币已达360亿元之巨。

1948年8月，法币崩溃前夕，重庆物价总指数已升至155.1万倍。令人难以置信的是，战前能买到一头牛的钱（法币），这时大约只能买两粒米。

法币堆积如山，点钞手指发酸

自行车的车轮没有商品价格牌翻得快

清代的钱币为银两、制钱和银元，以及后来出现的铜元并行流通。人们的日常生活及商家的贸易往来两家市面上就有专门经营银钱兑换的小钱摊与钱铺，重庆开埠后更是紧钱铺

中国交通银行重庆分行原址

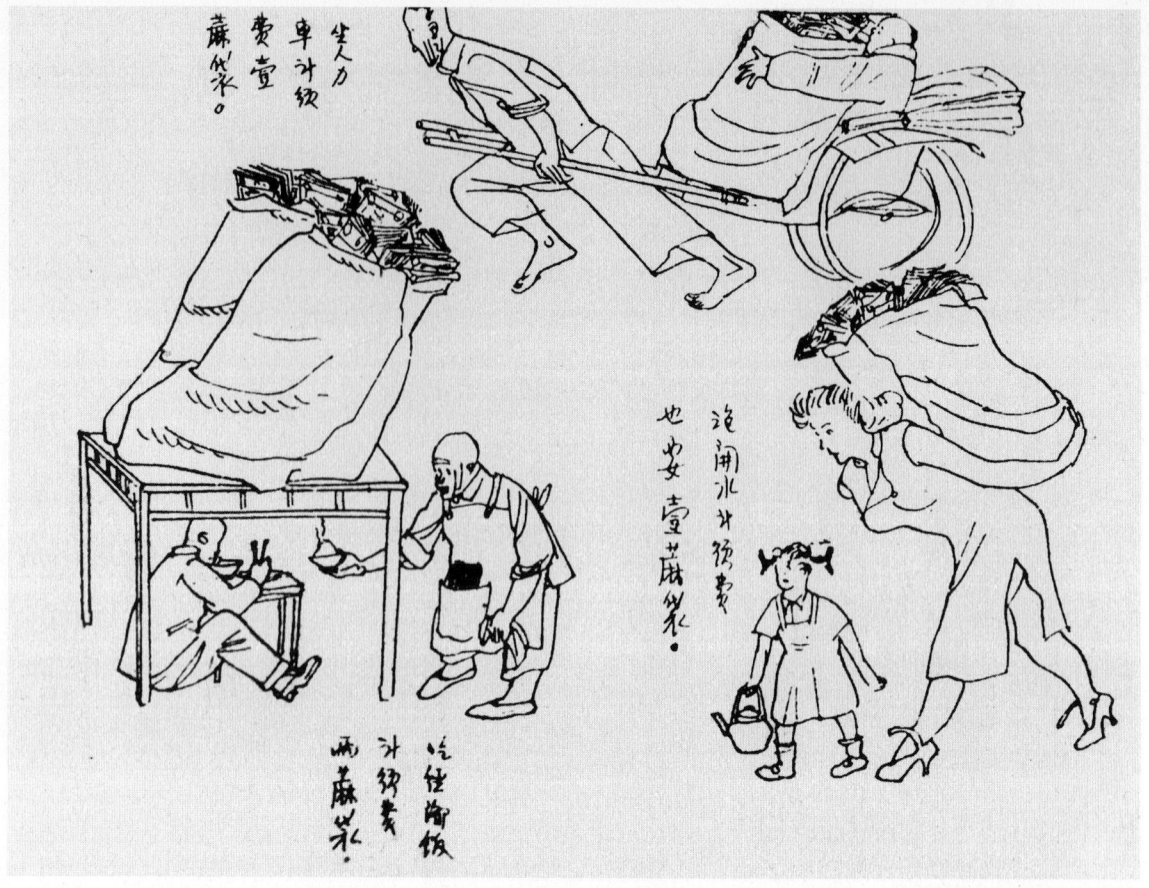

民国漫画《昨日之新币》

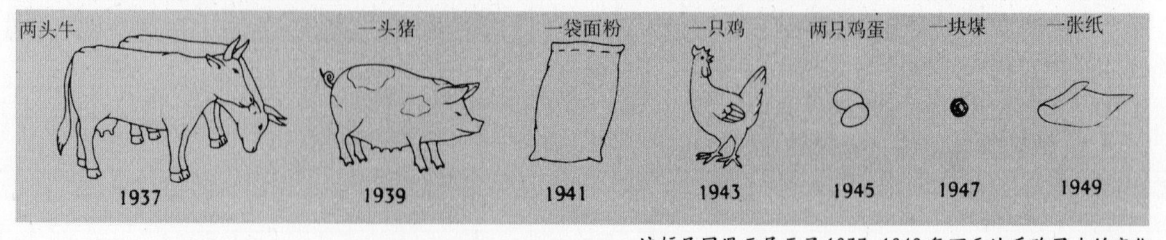

两头牛	一头猪	一袋面粉	一只鸡	两只鸡蛋	一块煤	一张纸
1937	1939	1941	1943	1945	1947	1949

这幅民国漫画展示了1937—1949年百元法币购买力的变化

中央银行法币一角正、背面

中央银行法币一元正、背面

清代的钱币以银两、制钱和银元为主。以及后来出现的铜元并行。人们的日常生活以及商家的贸易往来所需出现的铜元就实行起来。书门经营银钱兑换的小钱摊与钱铺。重庆开埠后，这些钱庄

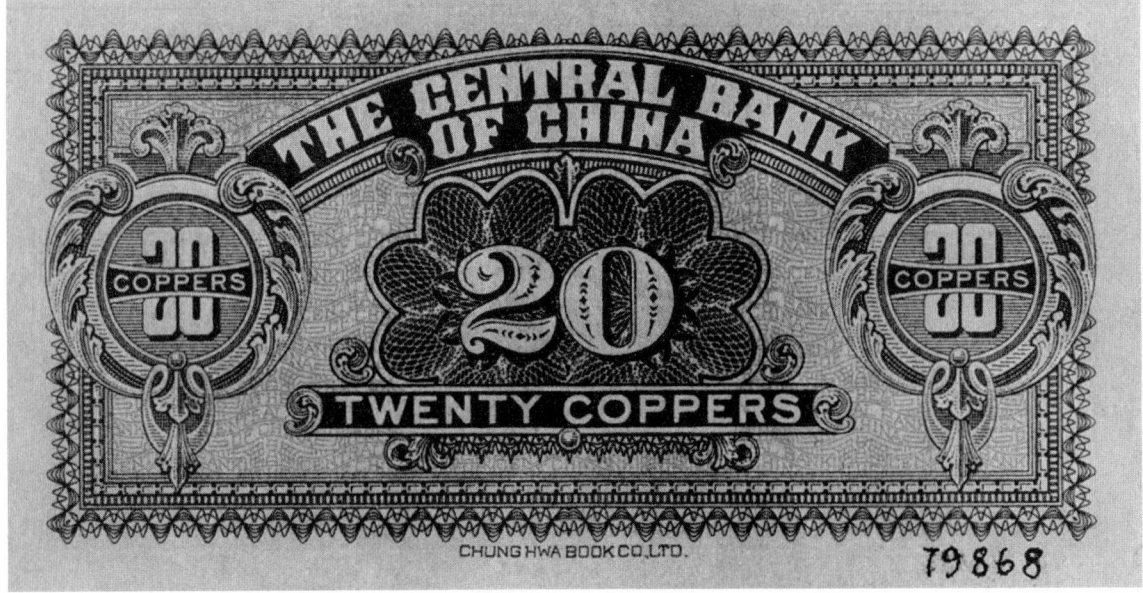

中央银行当十铜圆二十枚改四川省通用一角币正、背面。民国二十九年(1940年)二月一日，中央银行重庆分行将原来印就的铜圆券三种，分别加盖"五分""壹角""贰角伍分"和"四川省通用"等字样，作为法币的辅币发行流通

中央银行法币二十元

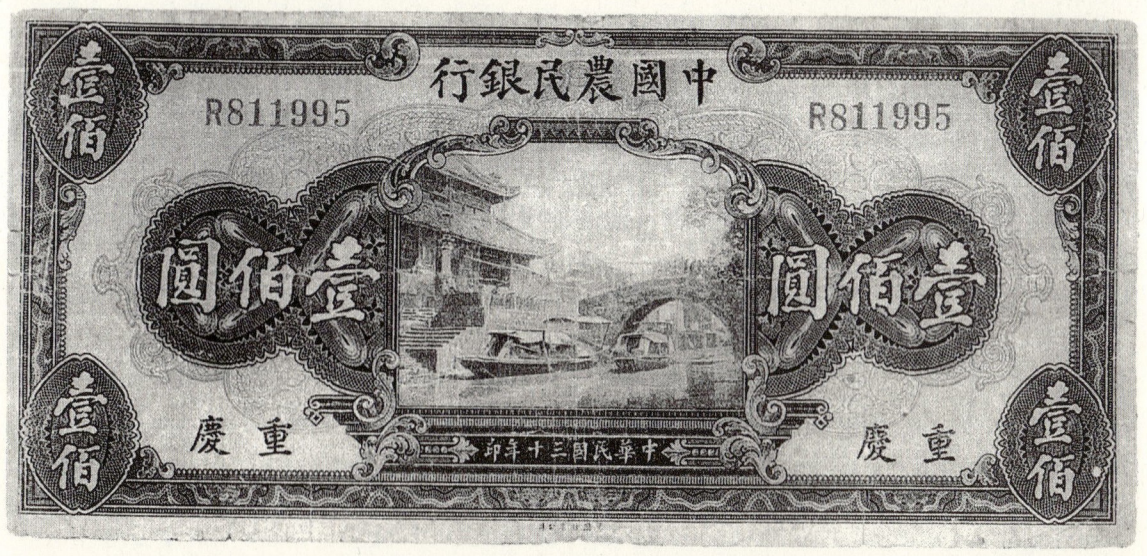

中国农民银行法币一百元

伍圆

老钱票

清代人们的日常生活以及商家的贸易往来所需出现的铜元并行，这些钱业专门经营银钱兑换的小钱摊与钱铺。重庆开埠后，皆系清代钱币为银两和银元以制钱和

中国银行法币一百元

交通银行法币一百元

中央银行法币一千元

中央银行法币一万元

战时债券、储蓄券与"献金"

抗战时期,重庆成为中国战时首都及政治、金融中心,为抗战提供了物质保障。一方面,国民政府通过金融系统筹集资金,发展大后方经济;另一方面,重庆各抗日救亡团体积极组织参与大规模的义卖献金、募捐等活动,为抗战事业作出了巨大贡献。

抗战期间,先后发行有救国公债、特种有奖储蓄券、外币债券以及按谷麦等粮食计算的实物债券等。1939年国民政府首次向民间公开发行救国公债,规定:月薪不足30元者自愿认购;满30元者,多次缴足3元即可获得债票一张;月薪50元以上者则按一定比例认购。1941年,中央储蓄会新办特种有奖储蓄,该券发行当月开奖,定期还本付息,并在重庆城乡设立20处储蓄券销售点以方便储户。

为支援抗战,慰劳前方浴血奋战的将士,重庆人民有力出力,有钱出钱,献金救国,热情高涨。《新华日报》曾多次倡导劝募冬衣和义卖捐献活动,并扩展到全川。其后社会各界相继成立各种征募会、义卖献金会等机构,广大城乡人民及富商绅士均踊跃参与,极大地表现出他们的抗日救国热忱。如綦江和江津有两位绅士分别一次捐谷500石和1 000石。1941年,合川人民劝募30万元,捐购"合川号"战机一架。广大职工和学生也不甘落后,组织开展了"一元献机运动",1943年3月8日重庆妇女发起捐献"妇女号"飞机活动,数月间共募捐260余万元,献机13架。

说到抗日献金运动,则不能忘了一个人,他即是著名爱国将领、曾任国民政府军事委员会副委员长的冯玉祥。他客居重庆期间,利用各种机会开展抗日救亡活动,倡导"抗日献金运动",在各地献金台上,面对人们的献金热情及对他的信任,冯将军也禁不住热泪盈眶。冯善诗书画,自称"丘八诗",诗书画结合别具风格,收藏者甚众。他身体力行,将售书画所得悉数捐献。当时重庆《新民报》曾刊

一位小女孩拿出自己的压岁钱慰劳前方战士

《冯将军卖字报国》一文："……写条屏一副，取四十元，对联一副，取八十元。将军自言，在未胜利结束战事前，卖字决不终止。寸纸片缕，能得一分，便尽一分钱救报国之力。"1944年，国民党中央宣传部曾发布消息说："四川同胞年来出兵出粮，对抗战贡献已甚多。今又在冯玉祥将军倡导之节约献金运动号召下，慷慨出钱，树立义声，为其他各省的楷模。"

设在重庆市商会前的献金台

"陪都"金融界抗日献金运动大游行，前面横幅为"出钱劳军，多多益善"

清代的钱币为银两及制钱，四川人们的日常生活以及商家贸易往来所现的铜元、银元并发行的小钱铺。重庆开埠后，这些钱庄

国民政府财政部救国公债五元券

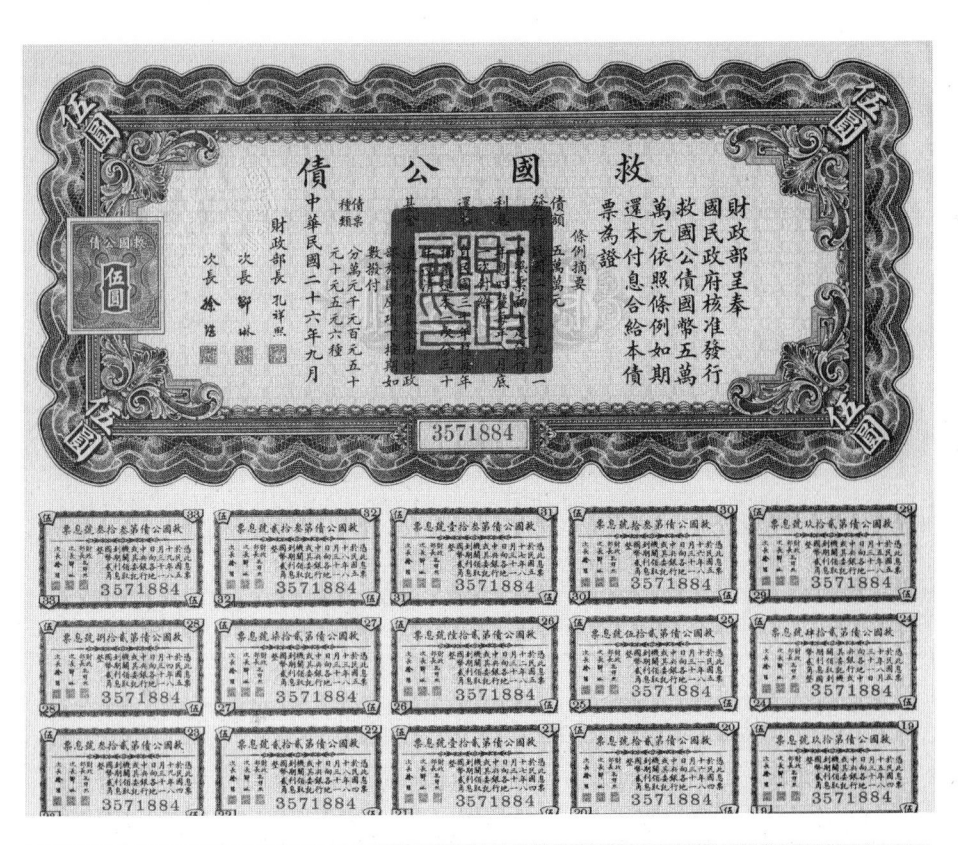

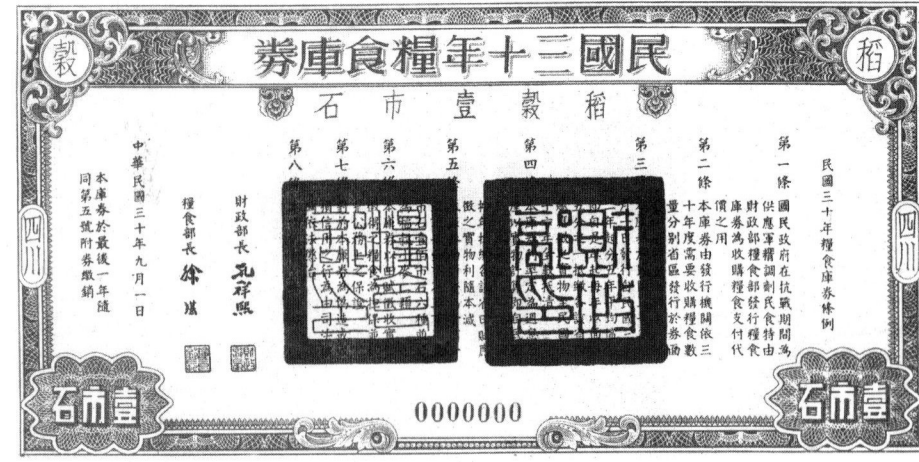

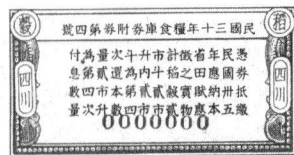

民国三十年粮食库券一市石

中央储蓄会特种有奖储蓄券第十二期元券样张　　　　　中央储蓄会特种有奖储蓄券第一期五元券

老钱票

清代的钱币为银两、制钱和银元以及后来所出现的铜元异行于市面上，就是专门经营银钱兑换的小钱摊与钱铺。人们的日常生活以及商家的贸易往来，重庆开埠后，这些钱庄

111

节约建国储蓄券国币一百元券

中央储蓄会第一次缴款会单国币一千元样张

老钱票

有代人们的钱币为银两、制钱和银元以及后来出现的铜元并行流通。门经营银钱兑换业的钱庄家的日常生活以及商家的贸易往来, 小钱铺与钱庄在重庆开埠后这些钱号行市就有一

关金券

　　关金券本为一种专供海关征税的支付凭证,1931年由中央银行发行。抗战期间,因法币的超量发行,贬值严重,在民众中失去信用。物价跳跃上涨,又使得现钞短缺。关金券这种本不是纸币的有价证券,便逐渐成为法定流通纸币。1942年4月,中央银行将原关金一个单位含金0.6克余,调高至0.888克余,按每一关金元折合法币20元,作为纸币上市流通,遂成为一种变相的大额法币。1947年,重庆中央银行相继发行一千元、二千元、五千元面额关金券。1948年,又发行一万、二万五千、五万、二十五万四种大面额关金券,这实际上对当时的恶性通货膨胀,起到的是推波助澜的作用。1948年8月,金圆券登场,关金券随之停止发行。

中央银行关金券五百元正、背面

中央银行关金券二万五千元正、背面

中央银行关金券二十五万元正面

伍圆

老钱票

清代的钱币为银两、制钱和铜元，以后来出现的铜元并行通用，人们的日常生活以及商家的贸易往来所需专门经营银钱兑换的小钱摊与钱铺。重庆开埠后，这些钱铺

中央银行关金券五万元正、背面

金圆券

进入1948年下半年,南京国民政府在政治上危机四伏,军事上节节败退,经济上濒临崩溃,法币的寿命再已拖延不下去了。7月末,蒋介石召集翁文灏、俞鸿钧(央行总裁)、王云五(财政部长)等人密商币改方案,最后央行方案被否,财政部方案得到蒋介石青睐。8月20日,以总统命令公布了金圆券币改方案。这次推出的金圆券虽规定有含金量,即每一金圆含金0.22217克,却不能兑现,乃一纸虚值。金圆券一元折合旧法币300万元,表面上迅速缩小了纸币面值,可缓解民众对通胀的恐慌心理。币改方案中最为狠毒的一招即规定各金融机构、企业单位和个人所持有的黄金、白银、银币、外币等须限期向央行及委托银行兑换金圆券,逾期不兑换者,一律予以查处没收。

在金圆券发行之初,蒋介石每天晚上都要与俞鸿钧通一次长途电话,主要是要俞报告中央银行收兑金银外币的数字及进展情况,而其他事情都不是他所要关心的。可见,金圆券的推出,其暗藏的不可告人的目的,其实是已知失败的命运已无可挽回,而蓄意在溃逃大陆前夕所作的最后一次狗急跳墙似的搜括与掠夺。

据中央银行向财政部报告称,金圆券币改推出仅两月间,在各地收兑的金、银、外币总计达两亿多美元之巨。仅在重庆一地即收兑黄金5.8万两、白银35.6万两、银圆255.6万元、美元26.9万元、港币2.4万元。

与此同时,公布了"经济管制办法",由国民政府派出党政要员赴各大经济区负责督导执行有关规定。蒋经国被派到上海进行督导,徐

民国漫画《翻江倒海》

117

古代人们的日常生活以及商家的贸易往来所需市面上就有"钱币"为银两、制钱和银元以及后来出现的铜元并行流通。专门经营银钱兑换的小钱摊与钱铺,重庆开埠后这些钱铺

涨风

金圆　法幣

——阿禮——

難兄難弟

民国漫画《难兄难弟》

老钱票

用大面额金圆券编的纸帽

人们用金圆券扎的纸扇

伍圆

老钱票

清代的钱币为银两、银元以及铜元并行。人们的日常生活，以及商家的贸易往来，所需的市面上就是钱铺、银号、钱庄。皆专门经营银钱兑换的小钱摊与钱铺。重庆开埠后，这些钱

金圆券五角正、背面

堪任西南区督导员，坐镇重庆督导。试图用政治威慑来推行金圆券币改和打击投机囤集，限制物价，然而行政手段并不能解决已毫无现实基础的经济难题，国民党内战所需巨额开支只能依赖超量发行钞票来解决，加之解放战争局势的迅速发展，原定20亿的发行总额早已突破。11月宣布取消发行限额，发行数量以临时命令决定，同时将金圆券含金量减值4/5，后又准许民众持有金银外币。广大民众及社会财富再次遭受巨额损失。到12月已增发至83亿元，1949年1月增发至208亿元，3月复增至1960亿元，到6月金圆券发行总额已突破了130万亿元之巨。

　　11月，重庆物价已是8月份的5倍，金圆券的加速滥发，令钞币贬值势如水泻，物价暴涨，甚至一日数涨，成倍上翻，抢购风潮此起彼伏。金圆券成为烫手的山芋，上午不上街抢购，下午即可能损失一半，商店物品常被抢购一空，只能早早关门歇市。

重庆大学矿冶系学生手托巨型饭碗模型，在大街上举行"反饥饿、反内战"大游行

重庆大学医学系学生高举用纸扎成的骷髅人，上写"我要吃饭"，在大街上举行"反饥饿、反内战"大游行

  1948年12月，重庆物价总指数已是8月份的18倍多，1949年1月涨至47倍，3月涨至1 749倍，5月涨至8万9 000余倍，6月已达23万9 000余倍。因钞票贬值迅速，导致现钞奇缺。4月，一万、五万、十万元大钞出笼，仍不能解决钞荒。重庆中央银行相继大量发行大面额金圆券定额本票，有五十万、一百万乃至一千万、五千万之巨。4月21日，重庆爆发了全市学生反饥饿反内战示威游行，在沙坪坝、小龙坎一带大街上，"金圆发发发，物价涨涨涨，贪官刮刮刮，政府垮垮垮"的口号声，在以重庆大学为首的学生队伍中，此起彼伏，响彻云霄。据当时媒体报道，重庆国立学院教授诉苦，因物价飞涨，买不起书，买不起报，吃不起饭，一个月所得薪水抵不到两个"袁大头"；中学教职员只有靠典当物品度日。甚至还爆发了轰动重庆的军人请愿团事件，在渝被遣散的川康军人4 000余人，因生活无着落聚集在精神堡垒（今解放碑前身）绝食请愿，甚至喊出"此路不通，去找毛泽东"的口号。5月，又有五十万、一百万大钞发行。

  从4月下旬起，各地已普遍拒用金圆券。4月，南京解放，5月上海解放，

重庆道门口在渝中区境东南部，街道呈马蹄形。清康熙年间在此建川东道署得名。1926年被辟为第一模范市场，商业繁荣，亦成为重庆银行、钱庄集中地

金圆券便在广州、重庆以及西部一些大中城市中作最后的挣扎。很快，重庆各大小商店也纷纷以银圆标价，拒用金圆券，公用事业也按银圆计价收费。公务人员、教师乃至工人多是发给米、油、柴等，在市郊饮茶、吃饭亦多以大米来支付。蒋介石政权眼看大势已去，金圆券无法苟延残喘，终于6月23日公布金圆券5亿元兑换银圆1元，银圆恢复流通使用，这世界货币史上最罕见的创纪录恶性通胀的纸币，最为疯狂的金圆券宣告死亡。当时有一调寄《虞美人》的词中写道："法币金圆贬值了，物价涨多少！小民日夜忧涨风，币制不堪回首改革中。金圆标准应尤在，只是价格改。问君能有几多愁，恰似一簇乱箭钻心头。"

有人估算，如果用一元面额金圆券购买一个大饼，所需金圆券重量有100多斤重，寄一封平信所需金圆券，也要装两大皮箱。一份报纸，当时在重庆的售价为900万元，即使以100元面额钞票计，也有9万张，将其叠起来就有十来米高。

金圆券一元正、背面

巴渝名胜石宝寨 我国现存古建筑中最高、层数最多的木结构建筑，金圆券一元券背面景观即以该建筑为蓝本设计

清代的钱币为银两、制钱和银元，以及后来出现的铜元等。人们的日常生活以及商家的贸易往来所需主要靠专门经营银钱兑换的小钱摊与钱铺。重庆开埠后，这些钱

金圆券十元正、背面

金圆券一百万元正、背面

清代的钱币为铜、银两币并行，元宝、铜钱和碎银为人们的日常生活及市场商家的贸易往来所需，因此就有了专门经营银钱兑换的小钱摊与钱铺。重庆开埠后，这些钱

金圆券五百万元正、背面

伍圓 老錢票

中央銀行

金圓券壹佰萬圓整

中央銀行重慶分行

中華民國三十八年五月二日

渝M字第 1041164 號

壹佰萬　壹佰萬　壹佰萬　壹佰萬

1949

重慶中央銀行金圓券本票一百万元

清代的錢幣為銀兩、制錢和銀元。以後後來出現的銅元以及商家的貿易往來所需，市面上就流行着專門經營銀錢兌換的小錢攤與錢鋪。重慶開埠後，這些錢莊

古代的钱币为银两、制钱和银元以及后来出现的铜元并行流通。人们的日常生活所需以及商家的贸易往来所需市面上就有一门经营银钱兑换的小钱摊与钱铺。重庆开埠后这些钱摊

老钱票

中央银行本票
金圆券伍佰万圆整
中央银行重庆分行
中华民国卅八年五月念八日
经理
主任营业课
渝FM字第2373209号

重庆中央银行金圆券本票五百万元

伍圓

老錢票

清代的錢幣為銀兩、制錢和銀元以及後來出現的銅元並行。人們的日常生活以及商家的貿易往來所需，富商大賈門經營銀錢兌換的小錢攤與錢舖，重慶開埠後這些錢

中央銀行本票

壹仟萬　壹仟萬

中華民國卅八年六月十四日　營業課主任

金圓券壹仟萬圓整

中央銀行重慶分行

經理

渝 TM 字第 E327122 號

壹仟萬　壹仟萬

重慶中央銀行金圓券本票一千萬元

银圆券

1949年6月,各地已普遍拒用金圆券,这曾疯狂一时的"祸币"未等政府宣布,实际上已经寿终正寝,退踞广州的国民政府被迫恢复银圆流通。7月4日,重庆中央银行公布了发行银圆、银圆券、银圆辅币券办法,规定孙中山像银圆、袁头银圆、龙版银圆、墨西哥银圆以及川滇版银圆重量成色合符上述标准者,一律等价流通使用。银圆券面额为一元、五元、十元、一百元4种,分别加盖有"广州"或"重庆"字样,它们均可在广州、重庆、福州、衡阳、桂林、昆明、贵阳、成都、兰州等地的中央银行兑换成银圆。银圆券发行之初,市场相对平稳,虽可兑换银圆,人们仍对其抱有强烈戒心。

8月,长沙、福州相继解放,国民政府和中央党部分批西迁重庆,国民政府包用大批飞机将政府各院部职员及家眷迁移重庆,由此带来大量银圆券,这批来渝的高级"难民"一到重庆,便急于向重庆中央银行兑换银圆和黄金,并抢购物资。如此大量抢购物资,致银圆券迅速贬值,物价上涨。由此引发民众在重庆中央银行挤兑金银日夜不散,排队等候是人山人海,吃饭、睡觉、解便都在露天不敢离开。重庆警局动用军警维持秩序,甚至以"妨碍社会秩序"罪名驱赶或拘捕候兑的群众,并没收他们的银圆券。银行又施加种种限制,如检查身份证,下调每人限兑数量,机关单位兑换须有公文证明等等。重庆中央银行又乘机一再调高黄金兑换官价,10月2日上午,黄金牌价每两93元,下午为98元,3日上午升为110元,13日又涨至152元,到11月中旬,银圆券兑黄金牌价已涨到230元左右。

在8月中旬前,还有不少投机商人甩售现货或收购银圆券,到广州、香港空运廉价走私商品回四川牟利。自广州政府包机转移机关大批高级"难民"及运送政府物资,已无飞机运载商人货物,于是跑粤、港的人绝迹,银圆券一下没了市场。重庆的各钱庄、市场、商铺,多以收银圆券去央行兑现难,存留又放心不下为由,少收或拒收银圆券。市面使用该券,每千元要敷水数十元。交易时,人们一般要先讲明要"硬货",不要软的;银行钱庄则向客户讲明"存啥

温少鹤 1928年当选为重庆市商会主席,并连任。创办了重庆第一个自来水公司,筹建了巴县汽车公路股份有限公司,开拓了市内外公共交通。1949年,为维护重庆治安迎接解放还做了大量工作

重庆小什字，在渝中区东部，泛指打铜街民族路相交处一带。民国时期为重庆银行、钱庄集中地

取啥"，即存券取券，存银圆取银圆。

11月上旬，成渝两地报纸出现了解放军向川黔一带移动的消息，9日，"恩施撤守，秀山吃紧"的大字标题出现在报纸上，令重庆、成都市场陷入恐慌和混乱。挤兑浪潮更一浪高过一浪，兑换黄金初限制为5两，后又限每人每天兑换1两。又将军人与市民分开兑换，军人按级别限量兑换银圆，将官每月一次25元，校官20元，尉官10元，士兵3元，市民每次限兑10元，后又减至5元。限制越严，越人心惶惶，挤兑的人就越多，银圆券贬值越快。11月下旬，重庆卫戍司令部以有碍交通秩序为由，令重庆央行兑换点移到郊区小镇石桥铺去，实际上是以此不便来阻止人们兑换。

就在是年的11月中旬，一方面是蒋介石再次紧急飞抵重庆，在园林官邸召集军政要人商讨对策，布置兵力固守川东，另一方面，刘、邓大军解放贵州，乘胜向川黔边界一线神速挺进，势如破竹，20日，解放涪陵，27日攻占綦江县城。30日晚，解放军先头部队进入重庆市区，蒋介石乘飞机仓皇逃离重庆飞成都，重庆迎来解放。30日下午，重庆各界人士聚集在市商会，推举温少鹤、蔡鹤年等四位代表从望龙门乘小火轮专程到南岸欢迎解放军。在解放军前迁部队临时办事处，解放军代表向重庆工商界宣布，银圆券可照常使用。12月10日，中国人民银行重庆分行正式成立，人民币成为唯一合法货币，即日起废止银圆券。

第一套人民币

　　1949年底，沉浸在解放喜悦中的重庆，仍处于百业凋敝，物资短缺，物价飞涨，金融市场极为混乱的状态。为迅速扭转局面，稳定人民生活，促进社会经济的恢复和发展，重庆市军事管制委员会根据中央有关指示，接管了原国家银行、金库，并立即着手组建社会主义新重庆的国家银行——中国人民银行重庆分行。在重庆解放后的第10天，即12月10日，人民银行重庆分行成立，行址就设在道门口原中央银行旧址，直接受人民银行西南区行领导。

　　人民银行重庆分行成立后，立即采取多项措施整顿金融市场，重建新的金融秩序。即在重庆分行成立当日，重庆市军管会便发布军金字第一号布告，向重庆市民宣告人民币为唯一合法货币，银圆券、辅币券即日起废止，禁止再流通。为照顾广大民众利益，准持有者按人民币100元折合银圆券1元的比价，收兑银圆券，不到10天，就收兑银圆券一千多万元。针对因有特务造谣诋毁人民币，投机商又趁机哄抬银圆价格的情况（因人民币发行之初，一是交通不便调运不及，二是短时需求巨大，为保证流通，稳定市场，曾一度确定可按一个银圆合人民币6 000元的比价进行流通），果断取缔了银圆黑市交易，国家暂不收兑银圆。宣布禁止黄金、外币流通买卖，由人民银行和中国银行按国家牌价收购。1950年2月，又公布《西南区管理私营银钱业暂行办法》，加强对重庆银钱业的管理，重庆金融市场的混乱局面得以改观，为重庆经济的恢复与发展及重庆市民经济生活的稳定，创造了有利的金融环境。

　　在收兑银圆券的同时，陆续向社会发行人民币。当时使用的第一套人民币，于1948年12月1日，由中国人民银行（成立当日）首先在华北解放区发行流通。第一套人民币的面额分别为一元、五元、十元、二十元、五十元、一百元、二百元、五百元、一千元、五千元、一万元、五万元共12种，达62个版别。1948年12月首次发行上市的人民币为十元、二十元、五十元三款。第一套人民币中的一万元、五万元大钞，则是为适应

中国人民银行重庆分行旧址

和收兑当时各类旧币而发行。当第二套人民币发行时（1955年3月），即以1：10 000的比价兑换回收旧币，第二套人民币最大面额仅十元。第一套人民币上的"中国人民银行"题字，为当时华北人民政府主席也是当时直接领导人民银行成立和人民币发行工作的董必武，应中国人民银行首任行长南汉宸之邀题写的，其字挺拔、俊俏，为此币增彩不少。

　　人民币在重庆地区的流通使用，结束了晚清民国以来，重庆地区因各类战争或时局动荡所造成的金融混乱，从此翻开重庆金融货币崭新的一页。到建国初期的1951年，除西藏、台湾等地，人民币已统一全国货币市场，成为共和国唯一法定货币，与金银脱钩的信用纸币制度，代表了当今世界货币发展的趋势。另一方面，晚清民国以来的一枚枚旧币，一张张旧钞，又伴随着重庆的快速发展和艰难曲折，见证和记录了这已逝去的历史和许多耐人寻味的悲喜故事。今天，这些老钱币中的不少品种，不仅能提供人们怀旧鉴赏之需，亦成为收藏珍品。

1948年12月1日，中国人民银行发行的编号为00000001的第一张人民币五十元。目前，第一套人民币的若干版别存世稀少，要想集齐一套十分困难。享誉收藏界的第一套人民币十二珍品即：五元的水牛图，二十元的打场图，一百元的帆船图，五百元的瞻德城，一千元的牧马图，五千元的渭河桥、牧羊图、蒙古包，一万元的骆驼队、牧马图，五万元的新华门、收割机

135

第一套人民币"十二珍"之一——五元券

第一套人民币"十二珍"之一——二十元券

第一套人民币"二十珍"之一——一百元券

第一套人民币"二十珍"之一——五百元券

第一套人民币"二十珍"之一——五千元券

第一套人民币"二十珍"之一——一万元券

伍圓

老钱票

清代的钱币为银两和铜元,以及后来出现的银元就大为通行。人们的日常生活以及商家的贸易往来所需要的市面主要靠专门经营银钱兑换的小钱摊与钱铺。重庆开埠后,这些钱票

第一套人民币"十二珍"之一——五万元券

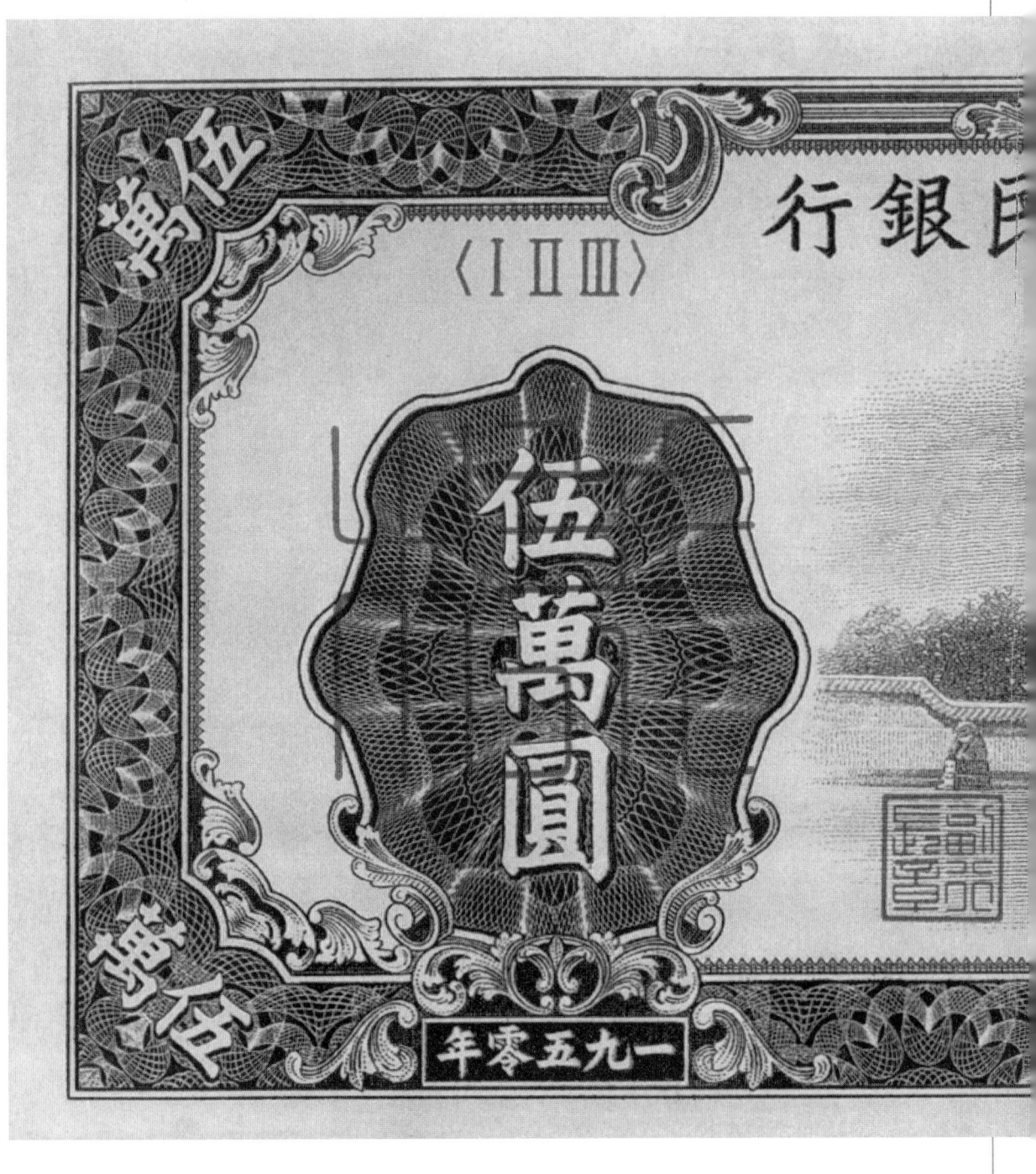

139

伍萬圓

〈ⅠⅡⅢ〉

行銀日

伍萬圓

佰萬

一九五零年

老钱票

《老重庆影像志》

老城门 壹	老房子 贰	老街巷 叁
老码头 肆	老地图 伍	老广告 陆
老档案 柒	老行当 捌	老风尚 玖